U0935795

中日比较谈

ZHONGRI BIJIAOTAN

崔卫国 著

（第二版）

经济日报出版社

前　言

我曾在日本做过两年的访问学者，回国后经过一段时间的思想积淀，写了一些文章，将中国和日本在政治、经济、文化、教育、道德、法律、宗教等方面进行了一些比较。黑格尔在《小逻辑》中说：“假如一个人能看出当前显而易见的差别，譬如一支笔与一头骆驼，我们不会说这人有什么了不起的聪明。同样，另一方面，一个人能比较两个近似的东西，如橡树与槐树，或寺院与教堂，而知其相似，我们也不能说他有很高的比较能力。我们所要求的是要能看出异中之同和同中之异。”因此，我力图在两个不同国家之间找到相同的东西，在相同的地方找到不同之处，探索为什么会有这些相同或不同，看看有没有值得我们借鉴的地方。

在文章中，我曾几次提到要警惕日本军国主义复活。果不其然，近年来，日本政府不断在钓鱼岛问题上挑起事端，引发了中国人民极大的愤慨。有学生问我：“老师，你对日本有研究，你说说日本政府为什么会这样？中国和日本真要打起来，我们能赢吗？”为了回答这些问题，也为了回击日本政府的挑衅，我把这些文章整理了一下，特意增加了“日本政府为什么不断挑起事端”一节，交给了出版社。我认为日本政府之所以如此，主要是因为他们从来就没有对侵略行为进行很好地反思，对二战中输给中国很不服气。2010年，日本经济总量“世界第二”的地位被中国取代以后，更是让很多日本人心理严重失衡，尤其是那些右翼势力，他们想利用钓鱼岛问题发难，并借助美国的力量来扼制中国。中国和日本真要打起来，从两国军事力量的对比来看我们能赢，但要让日本彻底投降交出钓鱼岛，也不大可能。这主要是因为日本也不是不堪一击，背后又有美国撑腰，实现这个目标成本太高，不值得。那怎么办呢？我用了一个简单的博弈论模型，得出的结论是：我们要以牙还牙，迫使日本回到谈判桌上来，双方搁置争议，共同开发。

在本书出版之际，我要向新疆维吾尔族自治区人民政府和日本私立大学协会表示衷心感谢！因为没有他们当年的资助，我不可能到日本去访问学习。

也要向浙江省社会科学联合会表示衷心感谢！因为没有社科联的资助，这本书很难出版。还要向留日期间给予我热心帮助的女士和先生表示衷心感谢！他们是：原日本私立大学协会副会长、北海学园大学理事长森本先生，原日本私立大学协会干事都竹先生，日本北海学园大学教授小田先生、西川先生、藤冈先生，北海学园大学事务部干事中平女士，北海道富良野教师渡边先生及其夫人百合江女士等。

作　者

2014 年 1 月

目 录

美兮丑兮日本人

——日本人为什么讲文明礼貌?

文明与法治

来日本的人都有同样的感受，就是日本人有礼貌、守纪律、遵守公共道德。比如，我有时骑车上街，不小心碰了人，还没等我向人家道歉，人家先向我说“对不起”，似乎是不该挡了我的路。

有次夜里上街，我和一个小学生等红灯过马路，我因为有事心里着急，见没有车就想过去，还没走几步那个小孩就在后面喊“危险!”搞得我不好意思退了回来。还有一次我在公园看到一个贵妇人牵着小狗在遛，小狗拉屎，妇人在等。我就想看狗屎怎么处理，因为公园里光见有狗，不见有狗屎。狗拉完屎以后，贵夫人用塑料袋把手包起来，先用纸给狗擦屁股，然后把狗屎抓起来，把塑料袋翻过来装进手袋，到前面垃圾箱再将它丢进去。还有几次，在景点的窄道上或观景台楼梯口，迎面碰上陌生的男孩或女孩，一看就知是中学生，穿着校服，他们主动向我问好，我也赶忙向他们问好，心里感到很温暖。夫人来日本，我去机场接她，回来坐地铁的时候她习惯性地大声说话，我一看赶忙制止了她，因为没有一个人大声说话，车厢里很安静。

日本是资本主义国家，从不提什么学习英雄人物，可为什么人家的道德水平和文明程度就那么高呢？我认为除了别的原因以外，一个重要原因就是日本的法制比较健全。比如，在中国有过见到儿童落水而无人相救，有人甚至喊“谁给钱我就去救”的报导，这种事如果发生在日本，那些见死不救的人就要被送上法庭。如果小孩被淹死、伤者因时间耽误而导致死亡，那么根据日本法律，这些见死不救的人将以“不作为犯”的杀人罪来定罪。

在日本的刑法中，所谓“不作为犯”是相对“作为犯”而言的。“作为犯”是指做了法律禁止的事，如杀人放火；“不作为犯”是指没有做法律要求做的事，如赡养老人、见死相救。这里涉及到一个法律上的概念，即“作为义务”。“义务”在汉语中有两个相互矛盾的意思：一个是可做可不做的，如“义务劳动”；一个是必须要做的，如“遵纪守法是每个公民的义务”。而在日语中只有一个意思，就是必须要做的，不做不行。“作为义务”就是这个意思，是不做不行的。有的“作为义务”是在法律条文中明确规定的，有的虽没明文规定但已约定俗成。而见死相救则是没有法律规定的“紧急援助义务”。

“紧急援助义务”可以这样表述：虽然不是由于自己的行为导致重大利益遭到的危险（这里可指儿童被淹、车祸发生），但是在防止这种危险状况的时候，如果容易防止事故并且自己不会遭遇危险就能做到的话，则被认为有防止结果发生的义务。根据这个解释，那个见儿童落水高喊“谁给钱就去救”的人，以及看到有人受伤而不愿停车将伤者送到医院的人，是符合这种法律要件的，他们的行为完全可以看成“不作为犯”违犯“紧急援助义务”的行为，因此要受到法律的制裁。

还可以举一个例子。日本刑法上还有个“横领罪”，翻译过来就是侵占罪的意思。日本《刑法》第254条中明确规定了“遗失物横领”罪名，凡侵占遗失物、漂流物者将被判处1年以下徒刑或罚金。在1974年的日本《改正刑法草案》第350条里，又把这项处罚由1年以下改为7年以下徒刑，足见日本司法对“横领”行为的重视。根据统计，日本每年被认知的“横领罪”件数也高达3万~4万件。

再看看中国。2009年5月13日，深圳机场清洁女工梁某在垃圾桶旁“捡”到一箱首饰，价值超过300万元。她没打开就放在洗手间，下班后没见失主就带回家中。警方以涉嫌盗窃罪将其起诉，一旦定罪，因为数额巨大，可能面临的最高刑罚是无期徒刑。此消息一披露，立刻引起网上热议，很多人替这位清洁工鸣不平。之所以出现这种情况，在中国毫不奇怪。因为中国法律中没有“横领罪”，只能用“盗窃罪”去比附，而有的要件又不具备。社会上流行一句话是“天上落的、地上拾的”，意思是归己所有天经地义。但如果在日本，你拾了东西不交警察就可能犯“横领罪”。日本不宣扬“拾金不昧”的行为，因为社会认为那是应该的，算不得什么新闻。我所在的学校教学楼门厅里就有一个失物招领柜，里面有别人拾到后放进去的雨伞、书包、手表、相机等物品。若是你不小心丢的东西，自己拿回去就是了；若是你拾到别人不小心丢的东西，放进去也是应该的。

我这里在“丢的东西”几个字前面特意加了“不小心”几个字，在中国可能会觉得多此一举，谁丢东西还不是“不小心”？其实在日本，很多东西是主人不要了故意丢掉的，如电视机、电冰箱、洗衣机、收音机等。这些东西你若需要，在街上捡回去就是了，不会判你“横领罪”。不少留学生为了省钱，家里的东西不少都是这么捡回去的，有的日本人也捡东西用。不过有些东西就很难判断它是否是主人不要了故意丢掉的，如自行车，因为它常常就搁在街上，有时主人也忘了锁，这时捡回去就有危险。我楼上有个中国留学生看到楼下有辆自行车没有锁，以为别人不要了，就买了把锁配上，骑了去学校。几天后一个日本姑娘找到他说这车子是她的，要他归还，否则就去派出所。他吓坏了，赶快道歉，把车子还给了人家。幸亏这姑娘没报警，否则就麻烦了。

从以上看，日本社会更倾向于法治。对于中国人认为的仅属社会伦理上应受谴责的行为，如在公共场所随地吐痰和大小便等，日本也有法律，叫《轻犯罪法》。我们从《轻犯罪法》规定的行为和罪名中也可以看出和中国的一些区别。

潜伏罪（如隐藏在无人居住的宅邸、建筑物里等）；

携带凶器罪，携带侵入工具罪（如无正当理由携带划玻璃刀等）；

流浪罪，粗野蛮横罪（如在公共场合里用粗野蛮横的语言或行动干扰公众的正常活动）；

灭灯罪（如无正当理由熄灭他人的信号灯）；

妨碍水陆交通罪，拒绝援助事故罪，滥用烟火罪（如在易燃品房边点火）；

滥用爆炸物罪，投注危险物罪；

释放危险动物罪（如没拴好凶猛的狗，让其乱跑）；

挤入排队行列罪（即不遵守秩序，买票或上车插队或进行捣乱）；

妨碍安静罪（不听劝阻，放出很大的人声、乐器声和电器音响，影响了他人休息）；

诈称称号冒用标志证章罪（如用假文凭、假证明）；

虚报事实罪（如向公务员虚构犯罪或灾害事实等）；

不实记载典当收簿罪（如造假账、上报假数字）；

不申报需要扶助的人或需要处理的尸体罪；

变更非正常死亡的尸体现场罪；

裸露身体罪，虐待动物罪；

乞食罪、偷窥罪（即无正当理由窥视他人房间、浴室、更衣室、厕所等）；

妨害仪式罪（如用恶作剧方式妨碍公私仪式正常进行）；

妨害水陆流通罪，随地便溺罪；

丢弃污染物罪（乱丢垃圾、鸟兽尸体等）；

妨碍通道、围观、尾随罪；

共谋加害身体罪，唆使动物惊奔罪；

恶作剧妨碍业务罪，非法侵入田地罪；

滥用招贴、除去或污损标志罪；

虚伪广告罪，等等。

这许多罪名在中国仅仅是送上“道德法庭”而已，在日本则须送上真正的法庭，接受拘留或罚款的处分。比如在中国到处可见“办证”的小广告，俗称“牛皮癣”，人人都讨厌，可谁也没办法。究其原因，也是因为法律不健全，或是没有“诈称称号冒用标志证章罪”，或是虽然有类似罪名但处罚太轻，没有震慑作用。当然，在日本有些罪碰到警察忙也不一定真就追究，但他若认真起来，也会让你吃不了兜着走。据法务省统计，昭和61年（1986），因违犯《轻犯罪法》而被送交警视厅的人数为7440人，其中犯“偷窥罪”的449人（占总数的6.2%），犯“随地便溺罪”的350人（占4.8%）。可见，

《轻犯罪法》在现实生活中起了很大的作用，日本人的文明礼貌与这项法律的贯彻有很大关系。

日本人对法律的遵从还表现在对一切契约的认真履行方面，有时候道德与契约发生了矛盾，他们也会毫不犹豫地履行契约而把道德抛在脑后。其实他们的道德也很简单，只要你不影响他人就是道德的。

比如未婚同居，现在国人已经不太在意了，而以前却硬是要当回事来指指点点。我来日本后着手办理夫人来日本陪读的事，两个月后申请获准，入国管理局的官员打电话到我所在的学校，让他们转告我去办手续。于是学校理事长找我谈话，说我一个人来日本感到孤独是可以理解的，当年他在欧洲留学也是一个人，也感到很孤独。但是日本私立大学协会和新疆教委有个协定，就是进修教师不能带家属，所以你不能把夫人接来。我连忙道歉，表示不把夫人接来了。可后来一想，这件事眼看就要成功了，夫人在单位已经请了假，如果不来太可惜了。但如果来了以后怎么向理事长交待呢？这时有人告诉我，日语中有个汉字叫“爱人”，含义和中文不一样，是“情人”的意思。你就把夫人接来，对日本人说这是你的“爱人”，就不会有麻烦。我这么做了，果然相安无事。

当然，精神文明仅靠法律也不行，还需要社会舆论、教育相结合。比如在日本，尽管法律禁止裸体女人照片出现在报刊上，禁止卖淫活动，但因利润丰厚，还是有很多人铤而走险，让警察防不胜防。我们刚到东京头一天，到宾馆附近的书店转了转，就为很多书刊上的裸女照片所惊讶。我到札幌不几天，又有朋友向我介绍札幌的红灯区——薄野及那里的妓女拉客的情况。过了些日子，我又发现就在我住所对面就有个专门出租录像带的店铺，里面都是黄色录相带。从封面看，不仅有异性恋，还有同性恋、人兽恋和虐待狂的镜头，令人作呕。据说日本曾有一位著名摄影家推出了一本红极一时的年轻女演员的完全裸体影集，轰动了日本列岛，竟摘得当年销售第一的桂冠。于是在巨额利润刺激下，报纸书刊竞相登载裸体照片，其泛滥程度连日本的老师——美国都感到吃惊。但是，很多有良知的日本人愤怒了，他们发起示威游行，抗议出版社毒害国民。警察也行动起来，对刊登裸体照片的报刊进行强制搜查，有的人还被判了徒刑。现在情况就比过去好多了，报刊上的裸体照片少见了，卖淫活动虽说没有根绝，但也不敢那么露骨了。

浪费与节约

我刚来日本的时候，很为日本人的浪费而感到吃惊。在住宅区的垃圾角经常能看到被丢弃的彩电、冰箱和家具，在停车处经常能看到被丢弃的自行车、摩托车，在乡间小道上偶尔也能见到无主的小汽车……这种情况在国内是无法想象的。

我很自然地联想到18世纪英国哲学家孟迪维尔的那首著名的讽喻诗《蜜蜂的寓言》。诗中叙述了一个蜜蜂王国的兴衰史：最初蜜蜂们追求豪华奢侈的生活，大肆挥霍浪费。挥霍完了就去辛勤劳动，结果社会兴旺、百业昌盛。后来，换了一个新国王，反对浪费主张节约，本来吃一顿的蜜要分两顿吃，结果蜜蜂们不用再像以前那样辛勤工作了，导致社会凋蔽，经济衰落，最后被敌人打散。

这首诗之所以有名，是因为凯恩斯曾用它来说明节约与浪费同国民收入的关系。节约，即储蓄，对个人来说是好事，但对整个社会却是坏事。因为大家都节约了，厂家生产的产品就卖不出去了，无法继续维持下去。浪费，即支出，对个人来说是坏事，但对整个社会却是好事，因为它给厂家注入了新的活力。这种情况被西方经济学称为“节约的悖论”。日本人浪费是不是为了国家的繁荣呢？

但日本人也不是对什么都浪费，他们对时间和空间就很节约。从时间上说，日本人干活快，走路快，除了说话喜欢使用一些模棱两可的句子以外，其他都很讲究效率。从空间上说，日本人住房小巧玲珑，空间得到充分利用。像“和室”，白天在“榻榻米”上席地而坐是客厅，晚上从壁柜里取出被褥铺上就是卧室，一房当两房用。

有时同样一件事他们既表现了浪费的一面，又表现了节约的一面。我在专门拆房子的公司打过工，一方面他们很浪费，好好的房子说拆就拆，里面的彩电、冰箱、写字台等东西也不拿出来，统统用挖土机的巨臂将它们压扁、扯碎，然后当垃圾运走；另一方面他们又很节约，有两样东西他们是要的，不惜冒着危险在挖土机巨臂下将它们抢救出来：一是铝合金门窗，二是房梁木头。这些是可以卖钱的。

对有些东西他们也表现出浪费和节约的两面。比如旧衣服，我在垃圾角可以看到成捆的旧衣服，它们是当垃圾丢掉的；我在“巴扎”的地摊上也可以看到很多旧衣服，它们是当商品出售的。我在日本赶过几次“巴扎”，它类似于我国的集市，和新疆的“巴扎”差不多，不过它主要出售的是旧衣服。都说日本人有钱，爱干净，但还是有很多下层人士图便宜去买别人穿过的旧衣服，“巴扎”里人来人往，热闹非凡。这种情况在中国是很少能见到的。

细细想来，日本人的浪费和节约都还是很符合经济学原理的。他们什么都可以浪费，但不浪费钱。有钱可以买来一切，没钱寸步难行。货币作为一般等价物，显示出巨大的威力。有一次我问一个日本人：你认为世界上什么最重要？他毫不犹豫地告诉我：一个是命，一个是钱。或者说，钱就是命，命就是钱。

他们之所以节约空间和资源，是因为日本国土小，资源少，“物以稀为贵”，所以空间和资源值钱。他们之所以节约时间，也是因为时间就是金钱，有时间才能赚钱，没时间什么也干不成。日本单位时间工资居世界前列，这无疑也给他们节约时间提供了动力。

他们浪费旧家电，是因为家电更新换代很快，新产品具有新功能，是旧产品无法比拟的。买了新家电，旧家电没地方放，空间有限，只好把它当垃圾处理了。为什么不拿到“巴扎”上出售？因为这些东西体积大，分量重，搬到“巴扎”上还得花运费与时间，又卖不了多少钱，还不如一丢了之。相比之下，旧衣服好搬运，多年积下的旧衣服往轿车后备箱里一放，拉到“巴扎”上选好车位以后，打开后备箱就成了橱窗，再在地上铺上单子，或打开组合衣架把衣服摆出来，就可以开张了。日本人在服装上不怎么追求时髦，但是比较实际。在东京、札幌的大街上很难看到打扮十分时髦的女郎，如果有的话，她很可能是从事与性有关的行业，常常会令路人侧目而视。

那为什么会有人把成捆的旧衣服当垃圾丢了，而别人也不去捡呢？丢的人有机会成本的考虑：我把旧衣服拿到“巴扎”去卖要占用时间，如果这段时间赚的钱不如我干别的赚的钱多，或者这段时间赚的钱给我带来的满足程度不如休息或游玩带来的满足程度大，那我何苦去“巴扎”摆摊呢？捡的人也有个面子问题。日本人很爱面子，连流浪汉都不愿向人乞讨丢面子，一般人更是宁愿到“巴扎”去买，也不愿捡别人的旧衣服而让人瞧不起。

谦虚与狂妄

总的来说，日本人还是比较谦虚的，知道自己之不足，愿意虚心向别人学习。古代学中国，近代学荷兰，都使日本的经济和文化大大向前推进了一步。这种谦虚表现在大多数日本人对中国人和其他外国人还是比较尊敬的。我刚到北海学园大学的时候，秘书去接站，领我到办公室见学长（即校长）。学长穿着衬衣，见我来了立即穿上西装和我握手，态度十分诚恳。后来理事长又见了我，亲自领我去看我的办公室，还多次邀请我去他家做客。我的导师小田清教授对我也很尊重，他将他写的书送给我，扉页上写着“谨呈崔学兄”，其实他的年龄比我稍大一些。我参加经济学部的教授聚餐会、北海学园大学的同窗会，都是被当成尊贵的客人对待的。我每天到学校去，要接受日本人的三次敬礼：先是学校保安的举手礼，再是办公楼保安的 30 度鞠躬礼，最后是研究室清洁工的 90 度鞠躬礼。在这种环境下，我也学会了不断鞠躬，不断地说“对不起”、“请多多关照”。

不过有的时候，日本人也表现出了他们狂妄的一面。北海学园大学有一位教授叫西川，他会一点中国话，专门研究中国的纺织工业。他对中国留学生还是比较友好的，他手下就有一个北大毕业生当他的研究生，我也参加过几次他主持的研讨会。有一次他就用不屑的口气谈到中国人引以为荣的南京长江大桥，说那是个什么东西，那么低，简直是长江航运的一大障碍。这话我当时听起来就感到有些刺耳，尽管现在国内也有人说南京长江大桥太低，影响大型货轮通过，建议将它炸掉，但我仍然认为在当时那种情况下这已经是最好的了。

南京长江大桥于 1968 年建成通车，是桥梁设计师胡竞铭先生的作品，桥梁净空高 24 米。之所以设计成这个样子，一是外部环境限制了决策者的信息源。当时长江上航行的还是一些小型轮船，24 米净空高度不是不够，而是绰绰有余；当时在国家发展过程中主要的障碍来自南北交通的困难，航运还不是当时的主要矛盾，在国家资金紧张的前提下，集中力量解决主要矛盾有其必然性。二是决策者本身就没有指望南京长江大桥可以使用百年以上。在上个世纪 50 年代论证南京长江大桥时，任何一个正确的决策都不会把大桥建到超过 50 米的高度。虽然希望大桥百年永固，但那只是一个希望，谁也无法预料半个世纪以后的科技会发展到什么程度，会对前期的建设提出什么样的要求。所以说，西川教授认为南京长江大桥不好，和他说的中国的其他建设不好一样，是对中国的国情不够了解，因此就难免带有狂妄的成分在里头。

还有一次西川和其他两位教授请我们几个中国学者和留学生吃饭。酒喝多了，他又开始胡说八道，说他赞成日本侵略中国，如果当年侵华成功了，中国也不会像现在这么落后。如果是别的日本人这么说，我会立即退席以示抗议，但我知道西川教授不是对中国抱有敌意的人，他只是喝多了。于是我就接着他的话说："如果当年侵华成功了，现在大和民族也就要灭亡了。"他瞪着醉眼问："为什么?"我说："你不是对中国历史很了解吗？该不会不知道清朝统治中国三百年，结果是满族人被中华文化给同化了。"西川看起来像醉了，但心里明白，说不出话来。

日本人的狂妄有他们自身的原因，但有些也是中国人给"惯"出来的。有些中国人到了日本以后，看到了一些皮毛，就大肆吹捧，甚至不惜以贬低中国人为代价，更让日本人忘乎所以。在国内时，常见报章载有日本人口吐诸如"敦煌在中国，敦煌学在日本"之类的狂言，直令国人汗颜不已。当时心想，即使日本人有些狂妄，大概总还有一定的水平吧，否则哪能说如此的大话呢？后来又看到某位中国的书法"理论家"东游日本以后，回国即向国人介绍日本的书道，竟声称"日本书道水平已明显超过中国的书法"。对此，我们却大惑不解了。近几十年里，中国的学术研究受历次政治运动的影响，确实出现了停滞乃至倒退的现象，但是书法却因祸得福而蓬蓬勃勃发展起来，很多人因受打击或无事可干，只能将感情寄托在书法当中。所以尽管浩劫之后学术界悲叹人才"青黄不接"，但书法界却听不到这种声音。我在日本也曾参观过书法展，平心而论，还是觉得不如中国。那为什么这位书法"理论家"

要灭中国人威风、长日本人志气呢？是不是想拉日本书道这面旗做包裹自己的虎皮呢？

我听说有一位中国留学生，因为他的导师是日本一位很有名的研究《庄子》的教授，所以和人聊天的时候就说："中国现在已经没有人能读懂《庄子》了，只有日本人才能体会个中滋味。"恰好和他聊天的是一位刚从中国古代哲学专业毕业来日本的学生，于是他们聊庄子的清静、逍遥，乃至有关庄子的研究成果等，结果发现这位日本名教授的得意门生对庄子的理解竟是那样的有限。于是我们茅塞顿开：虽然日本有不少研究中国文化很有成就的人，但有些中国人吹捧他们是因为自己知道的太少，不知道中国还有比他们更有学问的人。

勤奋与幸福

日本人的勤奋是世界有名的，在街上到处都是步履匆匆的上班族，在公司到处都是加班加点的职业人，在工地到处都是埋头苦干的打工仔。那么日本人为什么这样勤奋呢？这和市场经济的竞争体制有关，不勤奋就没饭吃。中国在计划经济体制下养了很多懒人，再继续下去可能在读到教科书上"勤劳勇敢的中华民族"那段话时都会脸红。实行社会主义市场经济以后，中国人不也都勤奋起来了吗？

那么勤奋是为了什么呢？应该是为了幸福。日本人幸福吗？从某些方面来说日本人是幸福的。比如从国民收入来说，1993 年日本人均 GDP 居世界第一位，为 33764 美元，当年美国才 24412 美元，法国 21689 美元，中国连 1000 美元都不到。由于国民收入高，日本的社会福利也很不错。日本的中小学生都是免费入学的，中午还管一顿饭。日本的儿童失去父母、妇女被丈夫抛弃等，都可以享受到政府的补助。有一次我登缆车到札幌边上的藻岩山，看到某个福利机关的工作人员带上二十几个残疾人也在这里游览。残疾人中有智障者，也有盲人，他们能知道什么、看到什么呢？可福利院的工作人员搀扶着他们，耐心地向他们解说周围的景色：这是什么花，什么颜色；那是什么山，有多高……当时我就想，在日本，哪怕是一个残疾人也是幸福的。

可是随着我对日本实际情况的深入了解，对日本人是否真的幸福产生了怀疑。不错，从某些方面说日本人是幸福的，但从另一方面看，日本人并不那么幸福，至少不像那些“世界第一”所显示的那样幸福。这主要表现在：

第一，过长的劳动时间和过于繁重的劳动强度。

据统计，1992 年世界主要发达国家中，日本平均每人每年劳动时间最长，达 2124 小时。而其他发达国家依次是：英国 1953 小时，美国 1948 小时，法国 1683 小时，德国 1598 小时。日本的年度休假时间最短，为 118 休息日，而美国为 139 天，英国 147 天，法国 154 天，德国 157 天。在这些休息日中，带薪休息日日本也最短，才 9 天，而德国为 29 天，法国为 26 天，英国 23 天，美国 19 天。也就是说，日本劳动时间长，休息日短，带薪休假日更短。

日本劳动时间是按每天 7 小时算的，但为这 7 小时工作至少有 3 小时得做准备和在外面耽搁。我在几个公司打工都是这样：早晨说是 8 点上班，其实 6 点半就得从家里出发，7 点到公司乘车到工作地点，等到 8 点才开始工作。中间有半小时休息，这要排除在那 7 小时工作时间之外。中午 12 点在工地吃饭休息，1 点再上班。这中间 1 小时也排除在 7 小时工作时间之外。下午工作中又有半小时休息，5 点下班，才收拾工具乘车往回走，先到公司交差，然后才能回家。到家一般也都 6 点多了。也就是说，日本工作时间是实打实的、纯粹的工作时间，别说中间小休息不算在工作时间之内，就是班前交待工作和乘车到工作地点的时间，以及下班乘车回到公司交差也都算在工作时间之外。如果按中国的标准，日本人每天工作时间至少也超过 9 个小时了，那每年就是 2712 小时，更不得了。

日本人工作是很机械的，说工作就是工作，手不能停，可以坐下工作的也不能坐，很紧张，也很辛苦。而且真是轻伤不下火线。我有一次搬石头不小心砸伤了指头，血都渗透了手套，别人看到也只是叫我小心，没说让我休息。我忍痛坚持到下班，回来一看，右手中指被砸扁了，肿起老高。就这样第二天还得坚持上班。因为不上班就没工资，而当时因国内的生活费没到，我很需要钱。我看别的日本人也和我一样，为了生活不得不咬紧牙关。长时间的高强度工作，使得“过劳死”这一其他国家很难理解的“专有名词”以相当高的频率出现在日本的各种新闻媒介中。

第二，过频的“班后交际”和过紧张的“先辈专制”。

日本人的劳动时间本来已经够长的了，可很多人下班后还不着急回家，而是与人相约到酒店喝酒，出了这家再到那家，喝了这种酒再喝那种酒。一般职员午夜十一二点才酩酊大醉地结束在居酒屋的班后交际回到住所。这种消费对于收入不高的人来说无疑是个负担，但日本人很好面子，又讲团体精神，不应酬又说不过去。基于同样原因，日本人每年用于相互间红白喜事的送礼也相当多。东海银行对日本三大都市圈的调查结果表明，一般职员一年当中用于喜、丧送礼的次数平均 7.4 次，金额 9.0376 万日元；课长级平均为 13.7 次，17.0687 万日元；部长级以上平均为 20.1 次，31.420 万日元。

这种频繁的班后交际并不说明公司的人际关系已经很和谐了。恰好相反，说明有很多裂缝需要弥补，有很多怨言需要酒后发泄。在我打过工的几个公司，比较突出的是“先辈专制”问题，即那些来公司时间长的先辈对来公司时间短的人的粗暴对待。

在“大楼管理”株式会社，一次吃午饭时，一位后辈一句话惹怒了先辈，先辈一下子就把饭扣在他头上，并扑上去拳打脚踢，我急忙上前劝架。后辈挨了打还唯唯诺诺，一口一个“哈以”。完了先辈让后辈买两盒饭，一盒赔他，一盒赔我，我连忙谢绝。后辈又屁颠屁颠出去买饭。在“住友钢建”株式会社，一次我们下班坐车回去，一位后辈开车，先辈叫他向右拐，可车已开过去了。先辈大发脾气，后辈吓得慌慌张张倒车，结果与后面的车相撞。在“丸善中央建设”株式会社，有的先辈训后辈就像老子训儿子一样，尽管后辈年龄已经快 60 岁了，而先辈才 30 多岁。

有的人今天和这些人一起干活，他是先辈，可以肆无忌惮骂别人；明天和那些人一起干活，他又是后辈，老老实实挨别人骂。有时和别的公司一起干活，我也经常听到别的公司先辈大声训斥和怒骂后辈的声音。我因为是外国人，所以刚开始他们对我还比较尊重。但毕竟是后辈，时间长了他们也就不客气了，有时因听不懂先辈的指示受到斥责。日本人可能是习惯了，挨骂也只能忍着。而我却受不了这个气，两次都为这个而辞职。

第三，过短的爱情生活和过高的离婚率。

长时间的紧张工作和耗时费钱的班后交际，使得很多人没有时间去谈恋爱和过正常的家庭生活，情人和夫妻间温存的时间越来越少。史学家蓓里曾说过：“性似乎成了目前求爱过程的一种正常媒介。”因为，在一个时间极度匮乏的社会里，性成了求爱过程的捷径。“没有甜言蜜语，很少送花，不浪费时间细心奉承，没有人献上情诗，不再有长时间的挑逗追求，没有殷勤奉承，没有赏心悦目的场景。”这就是葛洛利亚对现代人爱情活动的描述。很多日本人就是这样。随着时间压力不断增加，他们只得体验讲究时效的“爱情方便面”。而到了现在，有的人连这种“速食爱情”也没有，只要问一句：“你今晚有空吗?”便可上床，第二天一早各奔东西，不做任何承诺，也没有任何罪恶感。很多日本人认为，干什么都要讲效率，谈恋爱也一样，而单身生活可以把花在性爱上的时间降到最低点。过去二十年当中，不敢走上红地毯的年轻妇女比例增加了一倍，而不愿结婚的男青年则更多。

长时间的紧张工作和耗时费钱的班后交际也使得作为丈夫、作为父亲的日本男性与家人共同生活（睡眠除外）的时间在各国中最短，每天才平均 3.3 小时。日本妇女结婚之后大都辞去工作在家专门伺候丈夫、养育儿女。长时间的“丈夫不在”和“父亲不在”的家庭生活，不能不影响到家庭内部的亲情关系，也成为导致夫妻离异的一个重要原因。据 1993 年统计，日本平均 2 分 47 秒就有一对夫妻离婚，离婚率达 1.53%。

在我打过工的几个公司，绝大部分工人都离了婚，或者根本就没有结婚。紧张的工作和缺乏家庭的温暖，是他们脾气乖张暴躁的主要原因。有一次我问一个先辈：“你有孩子吗?”他说有两个，但都让老婆离婚时带走了。突然他就来气了，说：“走就走，有什么了不起的!”

离婚对于一个男人来说，损失不仅于此。在“住友钢建”，一天一个 73 岁的老头也和我们一起干活，还给先辈（一个 20 来岁小伙）送了一盒点心作礼物。我问他，你这么大年纪了怎么也出来干活？他说没办法，早年离婚孩子跟老婆走了，现在年龄大了谁也不管他，他又没参加国民年金保险，不干活怎么办？可毕竟上了年纪，干了两天，第三天就受不了了，再没来。

也许受离婚影响最大的还是妇女和儿童。他们虽然可享受政府的补助，可孩子17岁以后就得自谋出路。也是在“住友钢建”，有个小姑娘才17岁就出来打工。她和母亲住在一起，迫于生活只好放弃升学的机会。看着她纤细的身体扛着钢筋摇摇晃晃往前走，我就想起我的女儿。我的女儿也想来日本留学，如果真来了，这份苦她能吃得了吗?

第四，过重的税务负担和过高的商品价格。

“日本的税金之多，就跟樱花一样。”一位日本朋友开玩笑说。据日本《税金大辞典》统计，日本各种名目的税达56种之多。其中，仅直接作用于国民身上的税就有所得税、继承税、赠与税、消费税、酒税、烟税、都道府县税、自动车税、房地产取得税、狩猎者登录税、入浴税（指洗温泉）、国民健康保险税、娱乐税、饮料饮食税等近20多种。

关于所得税，凡月薪超过8万日元都得上税。这几个月我每月缴的所得税也都在6000日元以上。关于消费税，原来是3%，村山富市上台后又提到5%。日本的消费税是你在买商品时就已扣除了的。一般商品标的是一个价，你去交钱时肯定要多交一点，那多交的就是消费税。在你交完钱从收款机里打出来的收据上，清楚地记着你买各样商品的价钱和税金。关于国民健康保险税，也是日本公民和外国留学生必须要缴纳的税种。

日本的物价恐怕是世界上数一数二高的了，比欧美要高出40%，为此，日本平均每个家庭每年要多支付350万日元。比如大米，大约每公斤500日元，相当于40元人民币；清油每公斤约300日元，相当24元人民币；猪肉每公斤约1000日元，相当80元人民币。衣服等也很贵。所以，一般家庭主妇买东西都抠抠搜搜，有时比中国留学生还显得小气。中国留学生一般在超市快打烊时才去，那时很多食品折价出售，很多日本妇女也是这时候才去。

沉重的税收负担和高昂的商品价格，使得日本人虽然名义工资高，但实际购买力却偏低。1992年9月10日，英国一个民间调查机构发表了对以国际经济协力开发机构加盟国为中心的世界21国企业社长（即经理）的年实际购买力的调查比较。调查是以担任年销售额180亿日元的企业、有妻子和两个子女、全家住在都市的社长为基准对象进行的。结果是：日本的企业社长名义上的年收入为2916万日元，但由于生活费用平均比别的国家高出6成，在调查的21个国家中仅居第12位。

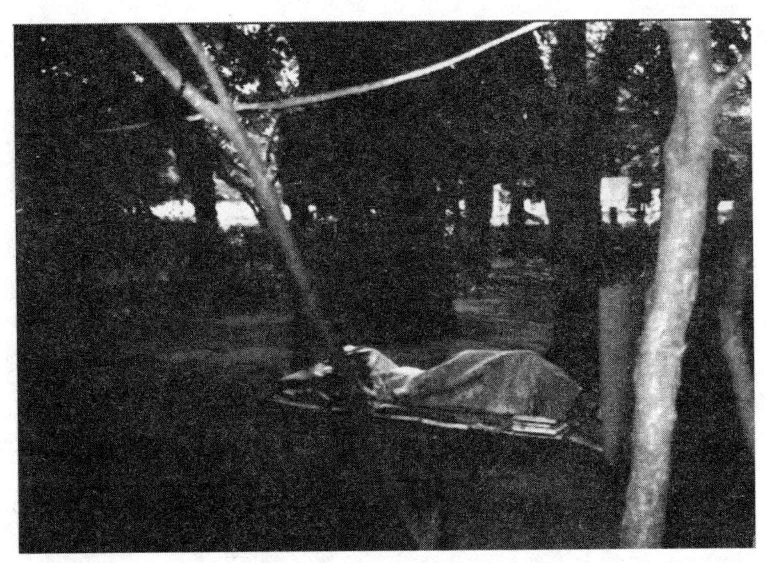

在上野公园露宿的流浪汉

综上所述，实事求是地说，日本人也不见得就那么幸福。虽然日本是个经济大国，但要成为生活大国，那还有相当漫长的路要走。

友好与歧视

我所接触到的绝大多数日本人对中国人还是很友好的。比如日本私立大学协会副会长、北海学园大学理事长森本正夫先生，就是中国人民的亲密朋友。他经常到中国来访问，力促日本私立大学协会和新疆、内蒙古的教育部门达成协议，每年接受数十名大学教师到日本的私立大学进修，免收学费，还提供住宿费和一定数量的研究经费。他十分关心中国进修教师的生活和学习，我到北海学园大学以后，他不仅亲自带领我的导师一起去看我的研究室，当我提出为了学习日语希望和日本研究生安排在一起时，他又重新调整了我的研究室，并和我的导师一起搬动桌椅，为我在研究室开辟出一个相对独立的隔间。每年春节（日本的春节就是我们的元旦），森本正夫先生都邀请中国留学生和访问学者到他家做客，我们一起吃饭、唱卡拉 OK、聊天，玩得很开心。临走时，他又送给我们每人一份礼物。森本正夫先生在日本是个很有影响的人物，其地位相当于政府副部长级，能这样款待我们，让人十分感动。

我们在森本理事长家里做客

渡边一家对我们也十分友好。渡边理是北海学园大学经济学部的一位研究生，假期邀请我和一对中国留学生夫妇到他家做客，受到他父母亲的热情款待。渡边的家在北海道中部的富良野，这里风景秀丽，气候宜人，渡边家里也充满了热情与温馨，让我们有宾至如归的感觉。我们吃的是日本料理，喝的是老渡边特意为我们准备的茅台酒，聊的是中日关系。

老渡边是小学生物教师，他对那场给中国和日本都带来巨大灾难的战争深恶痛绝。他说，其实最大的战争罪犯是日本天皇，战后应该追究天皇的罪责，废除天皇制。老渡边的妻子百合江是个贤惠的家庭主妇，不停地忙里忙外，招呼我们。

头天晚上我们住在了渡边家，第二天老渡边开车带我们到处去游玩。我们参观了富良野乡土馆、熏衣草种植场、果酒厂、奶制品厂和一个叫“麓乡之森”的地方。这里曾拍摄过一部影片《从北国来》，在中国也放映过，讲一个小男孩从大城市来到这里从不适应到适应，最后不愿离开的故事，充满了童趣和对大自然的热爱。

第三天我们又去了大雪山国立公园、十胜岳温泉、拓真馆和属于北海道大学的一片原始森林。拓真馆里展示了很多富良野的风景照片，原来我们以为富良野已经很美了，看了这些照片才知道，真正的富良野比我们看到的还要美上十倍。临别时，渡边夫人又给我们送了礼物。给我的是一个有清晰年轮的树干截面，上面写着“熏衣草之乡——富良野”几个字，还嵌着一个温度计。这件礼物我至今挂在客厅里，作为日本人对中国人友好的永久纪念。

我们和渡边先生在富良野乡土馆门前

在日本也不是事事如意。8 月 13 日至 16 日，是日本的盂兰盆节，我和夫人骑车到札幌北边 40 公里的小樽去旅游。准备去洗温泉时，发现门外竟挂着一块“外国人不得入内”的牌子，给我们的好兴致浇了一盆冷水。外国人为什么不得入内？难道害怕外国人带来了传染病吗？我看过一个日本人写的《北海道历史》，讲北海道原来是阿伊努人的居住地，和人来了以后霸占他们的妻女，把性病带给了他们。由于缺乏抵抗力和医疗条件，导致性病泛滥，很多阿伊努人死亡。看来日本人在历史上也并不那么干净。你不让我进，我偏要进。售票员也没阻拦，也许她就看不出我们是外国人。

温泉老板不让外国人入内，反映了一些日本人瞧不起外国人，主要是第三世界国家的人的一种心态。在体育界还有一个例子可以说明这一点。野茂和巧克都是棒球投球手，技艺高超，且都是一个人漂洋过海，到别的国家打棒球。所不同的是野茂是日本人，在美国球队拼搏；巧克是非洲人，在日本球队效力。由此决定了日本舆论界对他们的态度不同。野茂在美国赢了球，日本举国上下一片沸腾，甚至动用卫星转播他的风采。相当长一段时间，你只要打开电视，野茂投手的镜头是少不了的。而野茂一旦被换下场，转播立刻停止。而对巧克，尽管比赛成绩并不比野茂差，野茂是 13 胜 7 败，巧克是 15 胜 8 败，报纸电视却很少有他的篇章，尽管巧克就在他们鼻子底下。

日本人之所以如此，是认为野茂为日本增了光，其实他们根本忘了野茂为什么去的美国。野茂先是在日本职业球团做投手，一度事业辉煌，继获新人王奖之后，又曾获得过最佳投手奖。但当他肩部受了伤之后，想和球团签订长年合同时却被拒绝。无奈之下，只好承认任意引退。

根据日本球团规则，凡任意引退者概不可加入别的球团。为了谋生，野茂只好去了人生地不熟的美国。由于美国对日本球界不是很熟悉，野茂就按美国职业选手的最低价，给自己开了 10 万美元的年薪。然而托杰斯教练看了野茂的录像和成绩（没有要求考本人），认为根据他的水平可以给他年薪 200 万美元，是他自己要求的 20 倍！多么浪漫的讨价还价啊！野茂没有辜负美国教练对他的期望，成绩显著，美国球迷为他疯狂，各种印有野茂字样的球衣、球帽十分畅销。这时，日本一改对野茂的做法，也跟美国起哄，干脆忘了曾经冷落过别人的事，把他当“国民英雄”、“日本国宝”来看，让人觉得啼笑皆非。

巧克之所以受冷遇，是因为巧克来自贫困的非洲。当初因技艺超群，被非洲棒协推荐到台湾。后来日本广岛红鲤队去台湾，挖人家墙角将巧克带到日本，给他的工资却只有 480 万日元。而即使一个日本高中生加入职业球团，最低工资也有 800 万。可见巧克的工资待遇如何了。巧克在日本的成绩也不错，但日本球迷几乎对他不屑一顾，似乎成为他的球迷是件丢脸的事。如果有一天巧克跑到美国红起来，日本媒介又该如何说？日本的国际化已被大和民族高唱了好几年，究竟现在已经化到了什么程度，看看巧克和野茂的不同境遇我们便可明白一些了。

平心而论，日本政府为了国际化，为了改善自身形象，对世界各国进行了各种类型、各种名目的援助，花了不少钱。到 1987 年，已超过美国而成为

“援助发展中国家的世界上最大的官方援助国”，对外援助总额已达100多亿美元。1988年至1993年又提供了500亿美元。1993年在经济景气低迷、证券投资等民间外援资产大幅减少的情况下，日本对外经济协作的金额仍占世界的36.3%，达159.44亿美元。但是，世界各国对日本的感情和依赖并没随之上升。日本《朝日新闻》1995年6月询问调查表明，北京、上海、汉城（首尔）对日本“感到不太亲切”和“完全不亲切”的人数竟高达80%以上。在我所接触的中国留学生中，也大多对日本人没有什么好印象。一次在日本一个民间团体举办的日中和平友好聚会上，我旁边坐着一个在北海道大学攻读博士学位的中国留学生，她就直言不讳地悄悄对我说，她最恨日本人了。我说你拿着日本文部省提供的奖学金，怎么还恨日本人呢？她说因为日本人瞧不起中国人，像她这样一个要强的女子，在日本就更不受欢迎了。还有一次在几个中国留学生的聚会上，一位留学生的丈夫就说，如果中日再发生战争，他首先把他认识的几个日本人给毙了。他妻子说：“你现在做生意，赚的是日本人的钱，怎么还这么恨日本人呢？”他说：“日本人瞧不起中国人，欺骗中国人。”尽管人们的看法有失偏颇，大多数日本人对外国人、对中国人还是很友好、很尊敬的，但就是那一少部分日本人，他们对中国人、外国人的不友好、不尊敬，勾起了很多中国人、外国人对日本人在历史上的强盗行径和肮脏勾当的回忆，从而产生了厌恶心理。

源兮流兮汉文化

——日本为什么有茶道、剑道、空手道?

从地图上看，中国和日本是一衣带水的近邻，中间只隔着一个东海。然而在中世纪，要横渡这波涛汹涌的大海却是很不容易的事。风暴经常把船只打翻，或者把它们吹到台湾甚至更远的越南。可是，这大海和风浪不能阻挡大批的日本人来到中国，学习中国的文化。他们把中国文化带回日本，对日本的文化发展起了很大的作用。

日本人把中国文化带回日本以后，并不是简单的模仿，而是根据自己的实际需要加以改造，使之发扬光大，甚至发挥到了极致，以至后来中国人见了也感到既陌生，又似曾相识。到了近代，随着中国的衰落和日本的崛起，很多中国人留学到日本，学习日本的文化，包括经过改造的中国文化，用以拯救旧中国。

中国文化，当年中国是源，流到日本以后发扬光大，成了日本自己的东西。现在是否倒过来了，成了需要流入中国的一个新的文化源头了呢?

汉字和汉诗

在札幌市政大厅有一尊北海道开拓时期札幌的最高长官岛义勇的塑像，塑像底座一块牌子上面刻了岛义勇于明治二年（1869）作的诗：“河水远流山峙隅，平原千里地膏腴。四通八达宜开府，他日五洲第一都。”一看就知道是一首汉诗。它既反映了岛义勇对札幌美好未来的憧憬，又表现了当时的日本上流社会崇尚中国文化的一种习性。

札幌市政大厅岛义勇塑像

中国有着五千年的文明史，并将这种文明向四周辐射，对周边国家产生了很大的影响，日本就是其中一个很典型的国家。研究东洋思想史的山本教授就说："日本虽然有文化，但从来没有产生过文明。今天，日本的日常生活的每个角落无不渗透着中国文明，连我们的姓名都不得不依靠中国的汉字……"

汉字是4世纪中叶传入日本的，成为日本文字的基础。现在的日本文字由三部分组成：第一部分是对汉字原封不动的照搬；第二部分是由汉字的草书改造成的平假名；第三部分是由一些汉字的偏旁部首改造成的片假名。日文中的汉字也有两种读法：一是音读，发的音是原汉字相同或相近的音；二是训读，这才是日本原来语言的发音。日文汉字和中文汉字的意思大部分都是相同或相近的，所以即使不懂日语的中国人，看到日文也能将它的大概意思猜个八九不离十。我刚去日本访学时，日文没过关，听课有困难，我的导师小田清教授为了照顾我，满黑板写的都是汉字。我们下面交谈时，有的地方我没听懂，他就在纸上写上汉字，我就明白了。

日本江户时代的著名学者荻生徂徕是汉文化的热烈崇拜者。当时中国自以为是处于世界中心，所以自称中国，而以居高临下的态度称中国以东为东夷（类似鱼虾），以北为北狄（类似犬兽），以南为南蛮（类似虫鸟），以西为西戎（好战之人）。东夷包括日本。荻生徂徕坦然以“东夷”自居，还把自己祖上的日本式复姓“物部”改为中国式单姓“物”，自称“东夷物茂卿”。他反对以日本式训读而主张直接以汉语阅读儒家经典。他还为能够移往品川而高兴不已，因为这里离他一心向往的中国总算又近了一些。

当时，日本知识分子的崇华意识，造成了他们自日本文化向中国文化的“心理逃亡”。到了明治初年，中国虽已渐渐落伍，但崇拜汉文化的古风依然盛行在日本的上层社会。清驻日使馆的参赞官黄遵宪由于诗名很高，吸引了很多日本文化人向他求教，他家常常是“户外履满，肩趾相接”。“户外履满”，指的是在日本进屋前先要脱鞋，客人多了，自然就“履满”了。当时有个著名作家叫夏目漱石，他就以热爱汉文化著称。现在日本的千元钞票上还印着他的肖像。

后来的甲午战争、侵华战争，日本虽然用武力侵略中国，但在文化上仍不敢小瞧汉文化。在东京的靖国神社里有个“游就馆”，里面供奉着二战战犯的牌位，日本内阁很多官员每年都不顾中国人民的强烈反对到这里参拜。而就是这个“游就馆”，它的名字也是来自中国战国时代的儒家荀况的著作《荀子》。荀况的《劝学篇》里有一句是“君子居必择乡，游必就士”，“游就馆”的“游”、“就”二字就是从这里来的，表示与死者为伍、向死者学习的意思。

按理说这些战犯生前以中国为敌，而死后为他们招魂却借用中国的典故，更显得滑稽，而日本人偏就是这么用了，并且自明治十三年命名到现在并没有觉得有什么不妥，可见其受中国文化影响之深。

中国文化对日本的影响表现在各个方面。我所访学的北海学园大学有一块碑，上面记述了天皇曾来此视察的事，通篇都是汉字，而且是文言文。作为一个中国学者，我看起来都十分吃力，我想大部分日本学生要读懂它可能更不容易了。我到京都、奈良去参观，那里的很多古建筑不仅样式模仿中国，城市布局是按照中国长安（今西安）的模式，而且其中的牌坊上刻的也都是汉字，让人有回到了中国古都的感觉。中国著名导演谢晋在一篇文章中说：“我每次到奈良和京都访问，和最近在仙台看到的都能强烈感受到唐代文化的余韵。看到自己民族千余年的文化遗产在另一个民族的文化中保留得那样好，我和我的同胞内心的感激是不言而喻的。”

直到现在，日本人对中国文化仍然是十分崇敬的。日本电视台有个栏目每天都播放一集《汉诗纪行》，现代化的拍摄手法使汉诗更显魅力。日本大、中、小学的国语课本也选了很多汉诗，如高中一年级国语课本就同时选用了孟浩然的《春晓》、李白的《静夜思》、柳宗元的《江雪》、杜牧的《江南春》、张继的《枫桥夜泊》、杜甫的《登岳阳楼》等多篇诗词。日本的公务员考试中也有关于汉诗的考题。

日本的普通老百姓对汉诗和中国古典文学也是十分喜爱的。在我打过工的大楼管理株式会社中，有好几个清洁工就会写和背诵几首唐诗。其中有一个叫太田的，不仅对汉诗感兴趣，还读过《三国演义》、《西游记》、《水浒传》，我和他聊起书中的人物，什么刘备、张飞、关羽，什么九纹龙史进、青面兽杨志等，不比我知道的少。他还专门买了课本让我教给他汉语。会社一个叫梅森的主任对中国文化也很感兴趣，听说我妻子会太极拳，马上就要让教他几手。还有一个叫向的，一见到我就说中国五千年的文明如何如何，表示十分敬佩。他还主动和我谈起当年日本侵略中国的事，谈起南京大屠杀，希望我们不要记恨他们。

作者和几位热爱汉文化的日本青年在一起

当然并不是每个认为中华五千年文明了不起的日本人都尊敬中国人。由于中国近代内忧外患落后了，也有很多日本人瞧不起中国人。对这样的日本人，我心里常常冒出日本人常用来骂人的一个词“巴嘎”（バヵ）来回敬他们。バヵ是日本的国骂，就像中国的国骂“他妈的”一样。我之所以想起这个，是因为据考证，バヵ也是从中国进口的，写成汉字就是“马鹿”，来源于秦朝“指鹿为马”的典故。秦始皇死后，愚笨的秦二世胡亥上台，实权落在宦官赵高的手中。赵高想篡位，便想了个法子清除反对他的人。一天，赵高献了一头鹿给二世，却说这是马。二世说不对，这是鹿。赵高说，是马，不信你问问其他大臣。有的大臣奴颜屈服，说是马；有的大臣慑于赵高淫威，也说是马。只有刚直不阿的说是鹿，被赵高日后给清除了。后来便产生了“指鹿为马”的成语，它像其他中国文化一样被照搬入日本，却简单化为“马鹿”二字，意思也变成了指那些和秦二世一样愚笨的人。很多日本人不知道这个来历，如果他还瞧不起中国人，那真是バヵ了。

日本人喜欢中国文化，一个原因是加进了他们自己的理解。例如孟浩然的《春晓》：“春眠不觉晓，处处闻啼鸟。夜来风雨声，花落知多少。”在日本几乎家喻户晓。日本人热爱大自然，季节感很强。每年春季樱花盛开的时候，日本人就像过节一样围坐在樱花树下一边喝酒一边唱歌。他们正是从季节感这个角度来理解这首诗的。东京教育大学的杉靖三郎、鸟取大学医学部的熊辉雄就认为，春天的温度、湿度等自然条件宜于睡眠。寒冬过后人体松弛，体内的荷尔蒙易起变化，很容易失去平衡、增加疲劳感。孟浩然正是巧妙而准确地把握了这一特点，才使《春晓》具有惊人的艺术魅力。这种认识角度和中国人就有区别。

日本人对中国文化不仅加进了自己的理解，还把它放在自己文化的框架之中加以改造。例如在日本电视台放映的日本人拍的《西游记》电视连续剧，收视率很高。我看了以后发现它和中国拍的《西游记》在故事情节、特技表现、角色处理等方面都有很大差别。就拿孙悟空来说，中国的孙悟空是猴脸，除了本事高强外，还充满猴相：顽皮好动、笑口常开。而日本的孙悟空却以人的面目出现，且性格一反猴的本性，显得刚毅、严肃。两个孙悟空迥然不同，反映了中日文化背景不同。中国从前是文人社会，文人社会的英雄首先是儒生，比如三国时代最大的英雄不是武艺高强的吕布，而是儒生诸葛亮和有几分书卷气的关羽。中国人最崇尚的英雄不是面对恶敌咬牙切齿的那种类型，而是“谈笑间，樯橹灰飞烟灭”的角色。这点倒和欧洲人相像。中国的孙悟空就符合这个特点，日本人则不同。日本社会从前是武士统治的，武士为了保持威严，一般不苟言笑。我在日本看到的日本历史剧中的武士都很严肃、冷峻，就像中国人熟悉的影星高仓健那样。日本有句俗语是“男子三年半边脸”，意思是男子汉三年才能笑一下，要笑也只能笑一半。孙悟空到了日本，就成了日本人的英雄了，他们当然要以自己认为的英雄形象对他加以重塑了。

日本同中国的战争从 1894 年平壤之战开始到 1945 年抗日战争胜利为止，整整 50 年，可称为“战争的半个世纪”。其中，第一次由清朝战败开始的留日学生的大量遣送，导致了日本文化以及由日本文化为媒介的大量欧美文化的输入，可称为中日文化交流史上的一个转折点：在此之前，是中国文化流向日本；在此之后，是日本文化流向中国。甲午战争一结束，中国人的日本留学立即开始，并逐渐形成一股留学日本热。最初的 1896 年只有 13 名留日学生，到 1904 年急增到 1300 名。为此，日本还在横滨设立了横滨大同学校以应付留学生的涌入。1905 年，清政府接受改良派的意见，废除了从宋代开始的科举制度以后，留日人数超过了 1 万名。

随着留日人数的增加，中国人对日本人逐渐有所了解。当时国内已出版了 30 多种介绍日本的书籍，其中有黄遵宪的《日本国志》，李圭的《环游地球新录》，介绍了从日本开国到明治维新带来的飞跃，给中国旧制度的改革吹来了新风。张之洞也大力鼓吹留日，说一是汉字的共有和地理上的方便导致经费上的节约，二是风俗习惯的相似等导致留日生活上的平易。

因戊戌变法失败逃亡日本的梁启超说：“日本自维新以来三十年，广求世界之知识，翻译著述有用之文献不下数千种……英文之学非五、六年不成，唯日本文之学习，数日即小成，更数日可大成矣。”因为汉字共通的缘故，所以，日本人通过翻译从欧美得到的无形资产，特别是政治、经济方面的知识可以直接拿来使用。

中国从日本输入新文化的同时，也输入了不少新制造的词语。这些词语先是由日本人在翻译欧美图书资料的时候创造的，又由于汉字意义共通的关系，中国人直接拿来了。虽然有的留学英国的中国人比如严复，他们在翻译以英文为主的书（如赫胥黎的《进化论与伦理学》、亚当·斯密的《国富论》、孟德斯鸠的《论法的精神》、小仲马的《茶花女》）的时候，也造了不少新词汇，但不是因为不贴切，就是因为用的人少，结果还是用了日本人新造的汉语为标准的外来语。因为汉字的每个字都有固定的含义，所以日本人常把两个汉字组合起来组成新的词组，并赋予它新的含义；又因为日文的构词法非常丰富、复杂、活泼，大量的新词汇就诞生了。

日本新造汉语从历史沿革上可以为三个阶段，每个阶段我们都有举例，从中可以看出，原来我们耳熟能详的很多词汇，古代汉语词汇中都没有，而是由日本人创造后输入中国的。

第一个阶段是从《万国公法》（1864）导入的新造汉语，它是美国传教士马丁用中国古汉语翻译的，其中有“自治”、“自由”、“权利”、“义务”等。

第二个阶段是明治时期日本人创造的汉语——如“哲学”、“政治”、“经济”、“社会”、“民主”、“议会”、“法律”、“文学”、“文明”、“选举”、“国会”、“宪法”等。它们都不是用片假名表示外文的音译，而是意译的新造汉语。这些新造汉语的造词法有两种：一是用中国古汉语造词法，即两个不同汉字的组合造成新词，如“革命”、“民主”即是。“民主”，用中国古汉语的构词法来理解，就是“民的主”也即“君主”的意思，而日文的意义是“民就是主、民做主”。二是完全新式的组合法，如“哲学”。

第三个阶段是通过中国留学生的媒介直接导入中国的新造汉语，如“医学”、“卫生”、“铅笔”、“温度”、“化学”、“企业”、“共产主义”、“计划”、“人民”、“生产”、“阶段”、“发展”、“工业”、“问题”、“积极”、“手续”、“青年”等。这些词在1915年日本兴起的“言文一致”文化运动时固定在日本语中，而由中国留学生传入中国。在这些留学生中有秋瑾、陈天华、鲁迅、李大钊、蒋介石、郭沫若、戴季陶、胡汉民、郁达夫等有名的人物。中国留学生把日本的新文化、新思想带到中国，震撼了陈腐封建的旧中国。胡汉民、陈天华、汪精卫等人在东京创刊的中国革命同盟会机关杂志《民报》上大力宣扬孙中山的三民主义。据考证，“马克思主义”这个词也是先进入日本后再到中国的。中国的现代汉语中有日本传来的新造汉语（限于两个字的）约在830个以上。这些词甚至渗透到“中华人民共和国”、“中国共产党”等固定名称中。

我是1994～1996年期间在日本访学的，此前国内尚无“人气”一词。在日本我头一次接触到“人气”一词时觉得有些别扭：什么“人气”，难道还有“鬼气”不成？后来才体会出这个词的妙处来，才发现这个词很贴切，是反映一个企业能否生存和发展的一个重要标准。现在“人气”一词在国内已经普遍使用了，很多人都知道它是什么意思，但不一定知道它是近几年才由日本传入中国的。

中国的《茶经》

早在中国上古时代，我们的祖先就把茶当饮料，“茶之为饮，发乎神农”。自晋至南北朝时，《世说新语》、《搜神记》、《洛阳伽蓝记》等都有关于茶的记载；左思、杜甫也有咏茶的诗赋留世。茶叶具有提神益思、消除疲劳、清热去暑、生津止渴等功能，所以长期以来中国民间就有饮茶的习惯。然而，饮茶作为一种真正的饮食文化艺术，却是因为佛教，更是因为禅宗。

坐禅是禅僧宗教修持生活的重要环节，需要静坐敛心，集中思维，专注一境，以达到心身“轻安”、观照“明净”的状态。静坐必须双足盘而坐，端身正念，头正背直，不能散心动摇。有的坐禅时间长达三个月之久，难免疲劳、困倦。为了清心提神，民间的茶就被送进了佛门，成为了符合佛教戒规的理想饮料。栽茶、饮茶便与寺院的僧侣结下了不解之缘。

被尊为“茶神”、“茶圣”的湖州人陆羽就出身于寺院。他3岁时被禅师收养，后专为禅师煮茶，练就了一手采制、煮饮茶叶的手艺。他还餐风饮露，广采博访，跑遍了不少茶区，把茶事当成了一门学问来研究。积十余年之功，陆羽终于在唐大历十年（776）完成了中国第一部内容广泛、丰富的茶学著作《茶经》。《茶经》全面系统地总结了茶的历史、功用、种植、采制以及茶技、茶品等内容，为中国的茶文化的繁荣奠定了基础。

宋代陈师道对陆羽的功绩给予高度评价，他说："茶之著书自羽始，其用于世亦自羽始。羽诚有功于茶者也。上自宫省，下逮邑里，外及异域，遐陬宾礼燕享预陈于前，山泽以成市，高贾以起家，又有功于人也。"（《后山集·茶经序》）陆羽还是勇于实践的人，他创造了制茶法，广为传播；他精制的茶具，"远近倾慕"；他独到的茶技，传为美谈。相传他当和尚时出游四五年不归，至使酷爱他煮的茶的竞陵大师竟从此不再喝茶。

自陆羽《茶经》之后，饮茶首先在禅院进一步盛行，禅院的饮茶也更加程式化。禅院中设有"茶寮"，供僧人吃茶；设有"茶头"一职，专事烧水煮茶。僧侣们每天起身后，先饮茶再礼佛，饭后也是先饮茶再做佛事。有的禅僧一天要吃四五碗茶。茶，已完全成为禅僧生活中不可缺少的内容，"茶禅一味"四个字深刻地道出了"茶"和"禅"在禅僧修行过程与人生境界中的密切关系。

与陆羽同时代有个叫常伯熊的善茶者，他把《茶经》加以润色，使得茶事在王公朝士中流行，一时而成风雅之事。常伯熊的茶技也很高，远近闻名。相传御大夫李季卿来江南视察，慕名造访常伯熊，只见他"着黄披衫乌纱帽，手执茶器，口通茶名，区分指点，左右刮目"（见唐代封演《封氏闻见记》）。这是最早记载的茶技表演，它已不再是单纯的清饮，而是把饮茶与艺术融合到一起，成为富有意蕴的文化现象。现在我们在江南一些景区旅游，常会被导游带去看这种茶艺表演，也能感受到茶文化的精神与韵味。

饮茶习俗融入了人们的生活情趣、思想感情，就有了"品茶"之说。《红楼梦》里有一段精彩的描写：妙玉在栊翠庵用茶宴请老夫人及宝黛一行，茶具是晋代王恺珍玩、宋代苏轼鉴赏的珍品，用水是"旧年蠲的雨水"和埋藏五年的从梅花上收的雪水，还有一套品茶经："一杯为品，二杯即是解渴的蠢物，三杯便是饮驴。"宋代"平生爱煮茗"的杨万里写道："故人气味茶样清，故人风骨茶样明。"（《榭木蕴之舍人分送讲筵赐茶》）他以茶品论人品，把饮茶推向高层次的精神享受，借以陶冶人的情操，培养高尚的茶风茶德。

我到陆羽的故乡——湖州的这几年，深刻体会到湖州茶文化之浓重。他们不仅在文化广场为陆羽这位"茶神"、"茶圣"立有雕像，而且在生活中保留了饮茶的风俗习惯。这里的大街小巷以及河畔公园，到处可见茶馆、茶桌，一到下午便坐满了人，亲朋好友围坐在一起，边喝茶边聊天，十分惬意。成都人这时候也围坐在一起，不过是通宵打麻将，所以一个个上班没精神；乌鲁木齐人这时也围坐在一起，不过是喝啤酒吃大盘鸡，所以一个个将军肚大象腿。还是喝茶好，身材苗条，头脑清爽。

湖州文化广场的陆羽雕像

日本的茶道

中国的茶早在 8 世纪就传入了日本。唐代时，日本的僧侣永忠、最澄、空海等大师，先后带去了唐的“团茶”和茶种，模仿唐朝的饮茶习俗，并以饮茶赋诗为雅趣，以此作为一种时尚曾风靡于日本上流社会。日本平安时期的嵯峨天皇十分喜欢饮茶，写下了“吟诗不厌捣香茗，乘兴偏爱听弹琴”的汉诗。日本禅宗始祖荣西两次来中国，不仅带去了茶籽，还撰写了《吃茶养生记》，对茶的功用、价值等做了阐发，称赞茶“乃养生之仙药，延龄之妙方”。这本书对茶文化在日本的传播和茶道的形成起了重要作用，荣西因此被称为“日本的陆羽”、日本的茶圣。

日本民族有个特点，它不仅善于学习别的民族好的东西，还善于将这些东西发扬光大，甚至发展到极致。日本茶道就是这样，它是在中国茶文化的基础上发展起来的，并将它与宗教、哲学、伦理学和美学熔为一炉，使之成为一门综合性的文化艺术活动。茶道不仅仅是物质享受，而且它还通过茶会学习茶礼，陶冶性情，培养人的审美观和道德观。16 世纪末，千利休继承和发扬了历代茶道精神，创立了日本正宗茶道。自此之后，茶道被认为是日本文化的最高代表，日本民族精神的象征。

“和、敬、清、寂”是日本茶道的“四规”。和，即和悦、和谐；敬，即心灵单纯、诚实，互敬互爱；清和寂，指茶室、饮茶庭院的环境和气氛要清静、典雅。千利休的茶道精神追求的是一种“万物归于无”的境界，在这样的境界里，充满了和、敬、清、寂的氛围，陶冶着人的身心，净化着人的心灵，使人们远离尘世的喧嚣，进入一种“禅”的境界。

札幌市中岛公园八窗庵

在日本札幌市中岛公园，有一处“八窗庵”古迹供人们参观。这是几间简朴的木屋，其中一间就是江户时代的茶人小崛远州建的茶室。小崛是继千利休之后江户初期的代表茶人之一，他不但在茶道上独树一帜，而且是一位有名的造园家。他留给后人最重要的遗产莫过于被称为日本庭院艺术的最高代表——桂离宫。桂离宫融千利休的素淡与王朝的华美为一体，可称为日本之绝。八窗庵不愧是小崛的茶室，它充分体现了茶道的“清”、“寂”的精神，在绿树簇拥下显得格外幽静和深邃，与相隔不远的闹市形成强烈的对比。我常到八窗庵来散步，虽不能在里面喝茶，但这里清静典雅的氛围也能让人烦躁不安的心灵平静下来。

我和夫人还专门去学习茶道。茶道很讲究。客人进入茶室后，安静、恭谨地跪在榻榻米上，主人也跪在榻榻米上。主人先打开绸巾擦茶具，然后用开水温热茶碗，倒掉水，擦干茶碗；再用竹刷子拌沫茶，并斟入茶碗冲茶。茶碗小而精致，一般使用黑色陶器，因为日本人认为幽暗的色彩自有朴素、清寂之美。献茶前先上点心，以解茶的苦涩味，然后给客人献茶。献茶的礼仪十分注重细节：主人跪着，轻轻将茶碗转两下，将碗上的花纹图案对着客人；客人双手接过茶碗，轻轻转上两圈，将碗上的花纹再对着主人，并将茶碗举至额头，表示还礼。客人分三次将茶喝完，即三转茶碗轻啜慢品。饮茶时嘴中要发出吱吱响声，表示赞扬。饮毕，客人要讲一些吉利的话，如赞美茶具的精美、环境布置优雅等感谢主人的款待。这一切完成后，仪式就算结束了。

在仪式进行中，除最后的客气话外，主人和客人没有语言交流，只用眼睛和心体会茶道精神。有人说，日本的文化是情感性的，只能用心去体会，而不能用语言来表达。茶道既是日本文化的一个代表，自然是要用心去感悟的。我体会茶道，类似于钓鱼。不懂钓鱼的人不理解钓鱼的人为什么半天坐在那里一动不动，眼睛只盯着鱼漂？要我的话，坐上三五分钟鱼不上钩就着急了，坐不住了。可爱钓鱼的人就行。他为的是什么？为的是钓上来的几条鱼？花这功夫还不如在鱼市上买上几条，比自己钓还便宜。同样的一条鱼在鱼市上 5 元，自己钓就要给鱼塘承包人 10 元。那他为什么呢？为的就是在纷繁混杂的人世之外营造一个属于自己的清静宁谧的精神世界。他追求的是一个过程，而不是结果。茶道也是这样，它的目的不是为了解渴，也不是为了鉴别茶的品质优劣或主人的态度冷热，而是为了在这一过程中体悟清寂渺渺的自由之境。这才是茶道的精神之所在。

了解了茶道的精神以后，我产生了一个疑问：日本的茶道是在中国茶文化基础上发展起来的，为什么在中国没有发展成茶道，而在日本发展成了茶道？我想这可能有外部和内部两个原因：外部原因即指茶道兴起的外部环境，内部原因则和日本人的性格有关。

日本的茶道兴盛于战乱不断的战国时代，它的起源与发达几乎与日本的武士道同步。那时候，对于日日征战、今天不知道明天是死是活的武士们来说，宁静的茶室可以慰藉他们的心灵，苦涩的茶叶能缓解他们紧张的情绪，使他们暂时忘却战场的大肆杀戮和死亡的恐怖。武士们出征时，经常在阵地前沿举行茶事，有一碗茶垫底，就能消除内心的紧张与烦躁，使他们带着视死如归的心情走向刀光剑影的战场。这一点和中国的武将出征不同。中国的武将出征常常要大碗喝酒，借酒壮胆。而日本的武士认为酒使人迷糊，是懦弱的表现；茶使人清醒，是勇敢者的选择。

室町时期，战事少了，但随着商业经济的发展，竞争日渐激烈。商务活动繁忙，城市奢华喧闹，不少人厌倦这种生活，在城中或郊外找一个僻静的处所，喝喝茶养养神，不问尘世无牵无挂，以此获得心灵的净化。茶道的“清”、“寂”所显示的美学意识在这里得到了体现，千利休“茶即禅”的观点在这里得到了实践。茶道既然有这种需求，自然会继续发扬光大。

不过仅有以上外部因素还不足以说明问题，因为中国历史上也是年年战事，和平时期商业竞争也很激烈。这就不能不联系到日本人的性格这个内因了。一个名叫和辻哲郎的日本著名学者将日本人的性格比喻成台风。我们都知道，台风在到来之时是何等的狂暴肆虐，摧枯拉朽，翻天覆地，房屋被它刮倒，大树被它拔起，人和牲畜被它卷走……但在台风到来之前，或者正在台风眼里，它又是何等的平静，平静得仿佛什么都没有。也就是说日本人的性格具有二重性：有时很暴躁，有时很安静；有时十分情绪化，有时又十分理性。按照和辻哲郎的说法，日本人的性格结构中包含了忍耐和突发两种倾向，东瀛岛国特有的地理风土条件，培养了日本人具有热带和寒带的二重性格：既热烈又沉静，既忍耐又反抗，热烈中包含沉静，忍耐中包含反抗。

这种说法不能说没有道理，但我认为仍没抓住日本人性格中主要的一面。中国讲中庸之道，也可以说是二重性格的一种平衡。但日本人不同，在日本人二重性格里，情绪化的东西更多一些，感性有余而理性不足。当年远东盟军总司令麦克阿瑟将军就认为日本人在精神年龄上“只是一个十二岁的小孩”，这也有一定道理。为什么日本社会有那么多不寻常事件，比如切腹、情死和报复？为什么日本经常发生公司中前辈欺负后辈和校园里高年级学生打骂低年级学生的事情？为什么日本社会右翼势力不断抬头，日本首相一再参拜靖国神社？这些都说明日本人性格中不理性、冲动的成分占了很大的比重。

不管怎样，一个民族要想生存和发展，必然要以史为鉴，形成一种机制来限制不理智和冲动的情绪和行为，因为不理智和冲动不利于民族的整体利益和长远目标的实现。对于一个人也是一样，他在逐步社会化的过程中要不断成熟，就需要有一种形式使自己狂躁的心情平静下来，冷静地面对世上的一切，而茶道能够满足这种需要。茶道，通俗地说，就是一种修炼精神、调整身心的仪式，就是在与喧嚣的尘世短暂的脱离中，通过一系列饮茶的仪式，使人的精神恢复平静和清明。茶道对于日本，其作用和价值之大无论怎样估量都不过分。假如没有了它，日本人躁动不安的心性如何安顿？日本人对茶道的迷恋，说白了，是日本人台风性格的某种脆弱和缺失需要弥补，是日本人“十二岁小孩”的脾气需要安抚。作为一种必不可少的心理平衡机制，茶道表现了日本高度的生存智慧。

柔道、剑道和空手道

能够说明日本人具有台风性格、需要一定的形式加以安抚的不仅有茶道，还有香道、书道、柔道、剑道和空手道。香道就是烧香、用香薰和服；书道就是用毛笔写汉字；柔道和空手道是两种不同的搏击和角力形式，柔道中包括相扑；剑道是用竹剑来搏击。这些“道”除柔道是日本“国产”的以外，其余都是从中国学来的，但它们也不是简单的模仿，而是加进了自己的内容，并把它们提升为“道”。我理解就是增加了严肃、庄重甚至神秘的因素，看起来很注重形式，其实更强调的是精神的东西。它是某种文化的最高形式。在行这些“道”以前，都要求平心静气，集中注意力，也就是“静心”和“专注”。柔道、空手道和剑道还要求双方相互尊重，不畏强者，用行动证明自己的勇气和意志。香道、书道、柔道、剑道和空手道都强调自我修养，都具有精辟的哲学理论，都要经过科学系统的训练。它们所追求的是一种身和心的统一，内和外的统一，精神和力量的统一以及对人进行真善美的艺术薰陶。这些“道”同样显示了日本人高度的生存智慧。

信兮用兮宗教观

——日本人为什么要祭拜靖国神社？

在日期间，有次我去一位日本朋友家做客，看到他家同时供着神龛和佛龛，还有耶稣受难的十字架，感到有些奇怪，便问这位朋友：“你到底信什么教?”这位朋友哈哈大笑说：“其实我是什么都信，又什么都不信。”为什么呢？他解释说：“按理说我是日本人，应该信日本土生土长的神教，但是，在日本历史上到底有没有天照大神？如果有的话，是什么时候出现的？这个问题不光是我，就是其他的日本人也是一概不知的。这样的话，我就不能全信了。”“再说佛教，佛教从中国传到日本以后，对日本人的道德观、价值观起着很大的作用，但它的清规戒律太多，全信它也不容易。”“还有基督教，现在不少人信它，我认为，不论什么教，只不过是人们在寻找一种精神寄托罢了，而人们的精神需要又很多。既然如此，又何必把自己拴在基督教一棵树上呢?”

这位朋友对宗教的态度在日本很有代表性，正如他们对待其他很多事物都讲究实用性一样，对待宗教他们也采取一种实用主义态度。有的人结婚时要到基督教堂举行婚礼，考学时要到神社去求神，死了又请僧侣做佛事。幸亏天照大神、佛祖和上帝只存在于人们的心里，信它便有，不信它便无，否则它们肯定会大吃其醋，怪罪日本人不忠和叛逆的。

神教与靖国神社

神教也称神道教。“神道”一词最早出现在《日本书记》中，书中记载“天皇信佛法，尊神道。”在神道教中，自然界的山川河流、草木鸟兽为神，天皇亡灵为神，氏族的祖先与已逝的伟人英雄为神，甚至凶神恶煞、牛鬼蛇神都是神，所以日本自古就有“八百万神”的说法。换句话说，神道教所祭拜的“神”和中国人所谓的神不同，不仅包括“神”，还包括中国人所谓的“鬼”。人只要做了特别诡异、并且其他人干不出来的事，就可以成神。大善与大恶同被作为人们顶礼膜拜的对象，共享人间祭祀，原来这个教是不讲什么是非与善恶的。

札幌的一个神社

神社与神宫是神道教徒祭祀之处。最初的神社是在树木茂盛之处建一小屋，中央种一常绿树，信徒们相信神灵居在其中，便开始敬拜，这种神社也称为“神篱”。现在的神社通常有一个具有传统风格的入口，称为“鸟居”。从鸟居沿正道而行，可到达净盆处，参拜者可在此洗手漱口。神社本殿是一座有廊檐、类似寺庙但又不是寺庙的殿堂，里面供有神体（又称御灵代），不过只是一些象征物，如神镜、木偶、丛云剑等。据统计，日本现有神社已超过 8 万座，从专门祭祀伊势主神的神社，到祭祀太阳神的神社，以及一些地方专为特别祭典而准备的小神社应有尽有。每年参拜人数最多的神社有：镰仓八幡宫，600 万人；伊势皇天大宫，482 万人；东京明治神宫，625 万人；靖国神社，300 万人。

靖国神社

在众多的神社中，靖国神社是最特殊的一个，也是最受争议的一个。“靖国”的意思就是“镇护国家”。靖国神社坐落于东京九段坂，占地 10 万多平方米，始建于 1869 年，即明治维新第二年，最初叫“东京招魂社”，意源于神道信仰，意思就是通过祭祀来安抚冤魂，以免给人带来灾难。但出于统治阶级的需要，靖国神社的性质早已由安魂变为表彰效忠天皇的所谓“忠节”。二战前，靖国神社即是国家宗教设施，也是军事设施，它从一开始就与军队和军国主义有着密不可分的特殊关系。虽然在神道教中有人死皆为神的传统，但靖国神社里的祭神是有严格限制的，只限于为天皇效忠的阵亡者。例如，在戊辰战争中的旧幕府一方战死的人和在西南战争中与明治政府作战而死的西乡隆盛等，都没有被祭祀在靖国神社里。另外，即使与天皇、与国家有关系的人，死后也并不都能被供奉在靖国神社。靖国神社主要供奉的是为国尽忠的军人和文职人员（包括准文职人员），因此，在广岛、长崎被原子弹炸死的平民，在战争中死亡的普通国民，在冲绳战斗中“集体自决”的老百姓等，都没有供奉在那里。靖国神社与其他神社的最大差别，可以说它是一个军队的宗教设施。

靖国神社中供奉着自明治维新前后至第二次世界大战为天皇战死的 246

万亡灵。除1.4万多名是在国内战争中死亡的以外，其余都是在对外扩张战争中战死的。中日甲午战争中战死的有13619名，出兵侵占中国台湾等地战死的有1130名，镇压“义和团”战斗中战死的有1256名，日俄战争和侵略朝鲜战死的有88429名，第一次世界大战和出兵西伯利亚等地战死的4850名，“济南事件”中战死的有185名，“九·一八”事变后中国战场上战死的198.4万人，太平洋战争和亚洲其他战场战死的89万人。1978年秋，曾被远东国际军事法庭判处死刑和重型的14名甲级战犯亡灵的名簿和2000余名乙级、丙级战犯的名簿也被移入靖国神社，其中包括东条英机、广田弘毅、土肥原贤二、板垣征四郎、松井石根、武藤章等侵华战争的主将。

战后，由于靖国神社的军国主义性质，占领军总司令部在1945年12月15日发出“神道指令”，切断了靖国神社与国家的特殊关系。进而，根据1947年宪法政教分离的原则，1952年9月，靖国神社改为独立的宗教法人，逐渐失去昔日的显赫地位。

根据宪法政教分离的原则，政府首脑正式参拜靖国神社是违宪的，但长期以来日本政府首脑多次冲破禁区。1951年10月，在《旧金山条约》签字后，举行大祭当天，首相吉田茂就率阁僚及参众两院议长正式参拜了靖国神社。自那以后，几乎每届首相都到靖国神社参拜，但一般都会尽量回避在战败日参拜。1975年8月15日，日本首相三木武夫参拜靖国神社，成为战后首相在战败日参拜靖国神社的开端。1982年战败日，以日本首相铃木善幸为首的内阁成员全部出动参拜，开创了战败日政府内阁集体参拜的先例。此后，中曾根康弘、海部俊树、宫泽喜一等内阁成员也纷纷仿效。2001年小泉纯一郎上台后每年都要参拜靖国神社，2006年8月15日，小泉第6次参拜靖国神社，也是自1985年以来时隔21年日本首相再次在战败日参拜靖国神社。2013年12月26日，日本首相安倍晋三不顾中方强烈抗议，继续参拜靖国神社。

日本首相参拜供奉有二战战犯名簿的靖国神社，极大地伤害了曾遭受日本侵略的中国、朝鲜、韩国等亚洲国家人民的感情，理所当然地受到这些国家政府和人民的强烈抗议。因为靖国神社也反映了“日本受美国逼迫，为了自卫不得不发动太平洋战争”的历史观，所以也必然会对日美关系埋下外交火种。

靖国神社探秘

1994年4月，应邀做访问学者的我们一行25人由北京坐飞机来到东京，在位于千代田区的日本私立大学协会会馆受到接待。吃完饭以后，会馆的两名职员说领我们到附近转转，不知怎么就把我们带到了靖国神社。当我看到刻有“靖国神社”的石碑后，立即起了警觉。作为一个中国人，在这种场合不能做有损于中国国格的事，于是把大家叫了出来。大伙听了我的解释，说幸亏我提醒了他们。两个日本职员不知我们为什么半路又折回去了，我想他们可能并无恶意，就推诿说我们中间很多人不是汉族，因信仰不同就不进去了。他们只好带我们到别处去。第二天，我们就按原来预定计划被分到了日本的一些大学，我来到北海道。

过了一年，我从北海道来东京出差，想着这一次要去靖国神社看看。头一次之所以没去，是因为我们刚来，又是作为一个集体由两名日本人带着，如果进去了，好像是去参拜。这一次不同了，就我一个人，我要进去看看它到底是怎么回事。

大门前，一块高约2米的石碑上刻着斗大的四个字：“靖国神社”。一二十米后是一个“鸟居”，像中国的牌坊，算是靖国神社的大门。门前左右安置着一对用花岗岩雕成的日本特有的石灯笼，下面有台座，高十余米，嵌有16块浮雕，描绘了历次侵略中国的战争场面，并刻有“追慕为皇运的扩展而献身的尽忠靖国之士和景仰他们的遗烈”等字。

从大门到正殿，是一条长长的参拜通道，两侧挂着许多“名界名画”的书画、诗词，其中不少是明目张胆礼赞侵略战争的内容。左右两侧还有一个个距离相等的石灯笼，相当于中国墓道两侧的石人石马。参道两侧的后面是樱树和其他树木。参道右侧听见泉水淙淙，这就是慰灵泉，据说是因为战场上严重缺水，所以要用大量泉水来供奉死者。

从慰灵泉顺着参道前进，十字路口耸立着一座日本陆军创始人、靖国神社的创建者大村益次郎的巨大青铜雕像。沿着参道走过铜像，前面是第二鸟居即第二道门，左右安置着一对石灯笼，旁边还有个洗手处，凡来参拜的人，要先洗手漱口。

鸟居的右侧是能乐堂，祭典期间演出能乐和日本舞蹈。鸟居的左侧是神门，顾名思义就是进入神殿的门，相当于佛寺的山门。进入神门又有第三鸟居，庭院内满庭樱花，太阳旗随风摇曳。第三鸟居两侧还有布告栏，写着战死者给父母的信。

第三鸟居的后面是拜殿，是神社的主建筑之一，既像中国的寺庙，又像日本的神社，有四级台阶。殿的正面，挂着明治天皇书写的“为国捐躯，永祭壮士魂”的牌子和饰有四枚白色大菊花的宽大的青色帷幕。帷幕低垂，从中间向左右分开，好似一顶收起的床帐，阴森中透出一股杀气。

从拜殿入内，便是供奉“神”的本殿，这是纯粹的日本神社式样，整个建筑被镶嵌在郁郁葱葱的树丛中。院内陈列着一些侵略战争用过的武器，如大炮、坦克、鱼雷等。院内还有一个常设的展览馆，叫“宝物遗品馆”，馆内保存着日军的作战地图、行军日记、奖状、遗书、军装、武器，写着“武运长久”的太阳旗，以及天皇命令日军侵占上海的诏书等。本殿很高，有很多级台阶，台阶两边插着长形锦幡和红旗，殿前高挂一宽大的饰有白菊的青色帷幕。

本殿后面是灵銮簿奉安殿，里面供奉着明治维新以来246万军人的牌位，其中包括日本历次对外侵略战争中死亡的军人的牌位。1959年，有人将日本皇族成员中甲午海战后侵略中国台湾战死的北白川宫能久的牌位，以及侵华战争中死在内蒙古的北白川宫永久的牌位搬了进来。而在1978年，包括日本第二次世界大战战败后被远东国际军事法庭判处死刑的前首相东条英机、广田弘毅，前满洲特务机关长土肥原贤二，前陆相坂垣征四郎、木村兵太郎，陆军省军务局长武藤章和南京大屠杀主犯上海派遣军司令官松井石根等14名甲级战犯和2000余名乙级、丙级战犯的牌位都被搬了进来。

灵玺簿奉安殿的左边还有原宫和镇灵殿。镇灵殿主要供奉靖国神社本殿没有祭祀的亡灵和一些为日本战死的外国军人等。当时日本兵力不足，强拉了许多朝鲜人、台湾人去为日本卖命，战死者的牌位也摆在这里。前不久，台湾被拉去当炮灰的阵亡军人遗属代表到靖国神社交涉，要求把这些人的牌位从靖国神社撤回中国台湾去，遭到了拒绝。

灵玺簿奉安殿向右，还有神池、相扑场。相扑场向前是一个大院，里面长满樱花。向前走是三座鼎足而立的军犬、战马和军鸽的雕像，再向前还有机车和军舰模型，是太平洋战争中日军南侵的见证。战马像对面是一座母亲像，表现她在战争中失去了丈夫和儿子的痛苦。靠近母亲像一侧是游就馆，是一个很大的展览馆。

游就馆是明治十三年（1880）命名的，游就馆第四展室列着中日甲午战争中和八国联军侵华战争（当时日本派一个师团参战）中的一些遗物和史料，第五展室陈列着第一次世界大战、满洲（“九·一八”）和支那（“七七”）事变的遗物和史料，第六至第十展室分别陈列着太平洋战争的遗物和史料。整个展览表现出日本对侵略战争不但没有一丝的愧疚之意，反而扭曲历史，处处给人以错误印象，好像他们是迫不得已的，也是无辜的受害者。如对“满洲事变”的解释是：害怕中国内乱影响满洲，为防止战火波及，于是扩大军事行动，使满洲独立；对“济南事变”（济南惨案）的解释是：1928 年国民政府北上对付军阀，日本军为了保护侨居地，派兵阻止等。

更严重的是，游就馆从楼下的 10 个展室到楼上的 4 个展室，处处宣扬军国主义和武士道精神，充满战争叫嚣和火药味。如第十展室展品中有“神风特别攻击队”队员的遗书、东条英机自杀未遂用的手枪、神风特攻队创始人大西泷治郎切腹用的短刀、海军中将南云忠一下令塞班岛全体士兵“玉碎”的训示等。大厅中央有一架特攻机，是太平洋战争后期日本海军用的自杀飞机。当时日本的军舰差不多全被击沉了，最后狗急跳墙，让飞行员驾驶这种飞机，携带 200 公斤炸药去撞击美国的军舰。特攻机的背景是一幅海战全景图，数十架特攻机在低空追逐一艘美国军舰，火光染红了大半个天。

看完了靖国神社，我的心情十分沉重，既愤怒又悲哀。愤怒的是那些牌位、展品，让人想起中国人被残害的历史，而凶手却在被赞扬！悲哀的是日本人不接受战败的教训，反而用这些垃圾来毒害他们的下一代。我在留言簿上看到，很多日本年轻人都说要继承先烈们的遗志，只有一个韩国人对此提出了抗议。我拿起了沉重的笔，写下了这么几个字：如果日本人不接受教训，会受到更严厉的打击！

佛教在日本

据说佛教传入日本是在522年（继体天皇十六年），中国南梁人司马达等来到大和（今奈良），在高市郡坂田原建了寺庙，安置佛像进行礼拜。这是日本民间输入佛教的开始。但当时日本神道思想已基本确立，佛教宣扬出家人“无国无家”的观念和天皇制建立伊始的中央集权要求也有冲突，于是遭到皇室的排斥。随着时间的推移，佛教对日本皇室统治阶级的诱惑力逐渐增大。他们在想：为什么文化发达的中国其佛教那么兴旺发达呢？在一切皆从中国引进的背景下为什么不能引进佛教呢？再说佛教宣扬惩恶扬善、轮回业报、道德自我修养、明心净性等无疑也是有利于社会稳定的，于是他们开始接受佛教。

佛教传入日本大致经历了两个阶段。第一个阶段是引进和融汇时期(604～835年)，当时天皇采取了一系列措施宣扬佛教，如专门拨土地大量修建佛寺，并下令每家必设佛堂。到7世纪末，日本就有了寺院540余所。这种以政令形式推行佛教的结果，使佛教从民间宗教变为国家宗教和显教，不仅使佛教进入了日本的家庭，而且使其同神道教传统发生融和。在圣武天皇执政的天平年间，佛教达到了鼎盛时期，政府率先启用留学中国的学问僧作为高级官吏，于是就有大批僧人不畏大海和风浪的艰险到中国求法，也吸引不少中国的佛僧到日本弘扬佛法。

日本僧人到中国求法以后回到日本，大大推动了日本佛教的兴盛。有一次我去北海道旭川市考察，来到瀑上镇，看到建在瀑布边上的弘法大师雕像。据边上石牌介绍，弘法大师804年在唐朝长安青龙寺修炼，806年回到日本建立了高野山金刚峰寺，是日本佛教真言宗的开山鼻祖。他还擅长诗文书法，堪称日本三大笔杆子之一。

1184～1600年是佛教在日本的独立发展时期，日本佛教的自觉性、独立性逐渐显露出来，其表现是从政教合一转为政教并立，对政权的依赖性减少了。日本佛教在这一时期开始显露出鲜明的实用主义，中国佛教中只要适宜现实需要的东西就加以利用，而远离日本社会现实的就弃之于旁。由于日本

瀑上镇弘法大师雕像

民族非常尊崇人类的自然天性，在伦理和制度上从不压抑和约束人的正常情感和欲望，于是中国佛教中的很多清规戒律就逐渐被打破了。

日本僧人可蓄发。中国古代文学作品中描写某人看破红尘、皈依佛门时，总用“落发为僧”、“削发为尼”之类的词。一直以来，剃除须发是佛教徒出家接受戒条的一条规定，佛家认为这是度越生死之因，所以叫“剃度”。然而在今天的日本，当和尚却不一定要剃发，所以“光头和尚”、“秃奴”这一类的词语就不能用来形容日本僧人了。

日本僧人可娶妻生子。所谓“出家为僧”，指离家生活、修沙门之净行。佛家认为俗世和家庭多有烦恼牵缠，所以形象地将其喻为“火宅”。明代妙叶《念佛直指》卷上曰：“如俗在家，火宅万煎，纵修亦失，譬如小石入水即沉。”因此，有立志修行学法普渡众生者，先要割断与家庭的千丝万缕的联系，脱离“火宅”。中国古代民间就有戏称那些私蓄家室的和尚为“火宅僧”。日本的僧人却舍不得脱离“火宅”。公元12世纪，净土真宗的创始者亲鸾大师倡导带妻修行，于是开了僧人结婚之先河。明治维新以后，僧人结婚的风气在其他各宗派中也流行起来，以至形成现在日本和尚大多数在外宣说佛法、在内怀拥漂亮老婆的有趣现象。日本僧人不仅可有家、有妻室，而且一般寺院还都以血统世袭相传，“父为师僧，子为弟子”，寺家也为一体，牢不可破。

日本僧人可以喝酒吃肉。中国佛门对饮酒深恶痛绝，将不饮酒作为“五戒”之一。在中国流传最广的“四分律”，归纳有“饮酒十过”和“饮酒三十六失”，并引佛祖的话道：“自今以后，以我为师者，乃至不得以草木头着酒中而入口。”在中国佛门中，虽有像济公这样“酒肉穿肠过，佛祖心中留”的高僧，但毕竟是少数，且备受非议。佛门又因反对杀生而提倡吃素，这当然就不能吃肉，因吃肉总让人感觉有杀生的嫌疑。《法苑珠林》中归纳有“肉食十过”，所以大乘佛教经典有禁止吃肉的条文。日本僧人对此却没有严格的规定，不像中国空门中的一些和尚，吃肉喝酒只能偷偷摸摸，他们完全可以“大块吃肉，大碗喝酒”，然后再去传教说法。

日本僧人可以从政。中国僧人既然已脱离“火宅”，成为“方外之人”，自然就不该过问时事政治。虽然中国历史上有不少高僧被当朝皇帝奉为“国师”，经常参政议政，如西晋后赵的佛图澄、唐代僧人法藏等，但那毕竟是极少数，绝大多数的出家人须远离世俗红尘、伴青灯木鱼……为此，不少僧人还特意到深山古刹中静修。日本僧人却是积极的从政者。1994 年社会党改选，竞争到最后剩下两名对手，一名是后来当了首相的村山富市，另一位就是一位僧人。设想一下若是他胜的话，日本国岂不是掌在佛门之手中？日本的政治史上，“大臣级”的参政者不乏僧人，和佛教有关的立正佼成会、创价学会、灵友会等，在日本的政治中都起着相当的作用。

日本僧人可以有钱。在当代日本，僧侣显然不是穷人。寺院除了可以得到香客的香火钱以及大笔捐赠外，还可多种经营，从事商业活动。有的寺院利用寺前开阔地开办停车场，有的寺院在所辖区域建造营利的公寓、宾馆、快餐店、咖啡馆等非宗教设施，还有的寺院向企业入股投资、合作经营。如净土真宗佛光寺派本山佛光寺就持有光阳振兴汽车修理公司的股票，再如兵库县赤穗市天台宗普门馆组成专业和业余相结合的爵士电子乐队，在寺内重要文物“十一面观音”面前，弹奏现代爵士乐和摇滚乐，举办时兴的文娱活动。中国的僧人向来是比较保守的，除了收取香火线和社会赞助以外，自己不能办企业赚钱，不过这种情况渐渐也有了一些改变。少林寺率先办起了企业，搞了多种经营，据说在2011年还要上市，现已改为“少林寺股份有限公司”。这个消息一公布，立即引起了网上一片热议，反对者是大多数。有网友说：“当你看到和尚拿着手机打电话问：‘今日股票涨了多少?’这一景象时，会有何感受?”

以上还远不能说明日本佛教的全部。我们说日本佛教从内容到形式都是多姿多彩、个性极为突出的。我们应该承认，由中国传入日本的佛教在这个岛国得到了大大的发展，远比在中国有声有色、轰轰烈烈。

札幌街头化缘的僧人

基督教与信仰危机

和神教、佛教相比，基督教在日本显得更活跃、更主动。神教和佛教人士一般不主动宣传他们的宗教教义，他们也用不着，因为这两个宗教在日本都有悠久的历史和传统，其精神已渗透到老百姓的生活里和头脑中。基督教则不同，它来自欧美，到日本的历史要晚得多，为了争取民众，需要主动宣传和有锲而不舍的精神。

我在日期间，经常有一对夫妇敲门到我的房间来宣传基督教。他们给我送来了日文的《新约全书》，我说我是中国人，读日文的《新约全书》有困难。这本是一句推托的话，没有想到过了几天，他们真的给我送来了中文的《新约全书》。我在公园里，经常能碰到基督教徒来为我祈祷。有次我在熙熙攘攘的东京街头行走，有一位漂亮的少女将我拦了下来。我以为是街头拉客的妓女，感到很奇怪，因为在日本这是犯法的，何况是大白天。到后来才搞清楚，原来她是基督教徒，要为我祈祷。我不愿拂了她的好意，就让她为我祈祷。我和她旁若无人地站在人来人往的街头，就像两块石头立在流水中岿然不动，当时我的心灵确实获得了一丝安慰和宁静。祈祷完了，我向少女道了谢。望着她远去的背影，我依然在回味着基督教这种神奇的力量。基督教会还组织一些免费午餐活动，邀请外国留学生参加。午餐前都是要感谢主的恩赐的，那种气氛很难不让人受到感染。我的夫人喜欢参加这种活动，通过这种活动她还结交了几位中国台湾来的朋友。

基督教徒在宣传基督教精神时的那种宽容和蔼的态度也给人留下了深刻的印象。你反对他的教义，他并不生气，而是慢慢解释。这就和有些宗教不同。

在内容上，基督教也改变了过去那种和科学精神对着干的立场，试图将科学精神和上帝的意志融合起来。基督教最丑陋最黑暗的时期，是中世纪罗马教廷对伽利略日心学说围剿的那个时期。现在，基督教为伽利略平了反，对现代科学成果采取了承认的态度。过去他们曾拼命反对达尔文的进化论，因为这与基督教义上说的人是由上帝创造的不同。《圣经》上说，上帝用泥土造了人类的始祖亚当，又从亚当身上抽出一条肋骨造了夏娃。现在他们也推崇进化论，但却千方百计填补创造论与进化论之间的鸿沟。一篇基督教杂志上的文章说，从当今科学来说，组成人体的所有元素都源于地球，人体每一个细胞中的细胞核染色体都是可以表达人体全部遗传信息的基因。在70年代末，生物学家们已成功地从一只小老鼠的肠粘膜上取出6个细胞，在试管里培养出6只与供体基因性状完全相同的小老鼠。颌面外科医生可以用人的第12根肋骨做面部矫形手术时的填充材料，经过塑形的肋骨可以按照需要的模式生长。由此看来，《圣经》上所说的上帝用泥土造人的事，似乎有了相当合理的科学依据。现代有很多无法解释的事情，于是基督教便把它们都说成是上帝的创造。他们还用很多伟大的科学家都是虔诚的基督教徒的事例来说明科学和基督教并不矛盾。

那对基督教夫妇虽然不懂汉语，但经常送些中文的基督教杂志让我看。从这些杂志的文章我可以看出，基督教会想利用当时中国很多人的信仰危机来扩大基督教的影响。例如，基督教的国际性杂志《海外校园》就刊登了中国某大学的学生吴涛的文章《哦，我们的钥匙丢了》。文中叙述了当时大学生中物欲横流、一切向钱看的种种事例。该杂志还发表了评论文章，题目是《听，灵魂在哭诉》。文章说，“文革”创痛后，《中国青年》曾刊登了署名潘晓的文章《人生的路为什么越走越窄》。文革中人们将心中那个“恨”的魔鬼释放出来，导致中国的经济滑到了崩溃的边缘。改革中人们又将心中那个“贪”的魔鬼释放出来，结果使中国的灵魂滑到了崩溃的边缘。灵魂的重建比经济的恢复困难得多。基督教要求通过信仰基督来解决精神危机。耶稣说：“我到世上来，乃是光，叫凡信我的，不住在黑暗里。”我是不相信这些东西的，尤其是经过“文化大革命”后，对个人崇拜那套心理上有一种本能的排拒感。但应该说这些话还是很有煽动性的。如果去掉有关耶稣的内容，倒是可以说明我们为什么应该加强精神文明建设的理由。

有时我奇怪，这些基督教徒到处传教，不遗余力，锲而不舍，他们靠什么生活，收入从那里来？后来一打听，才知道他们可以得到教会的补助。有的人住的房子、坐的汽车，也是教会的朋友“给的”。而教会的这些钱，大多来自虔诚的基督教徒的捐赠。基督教会也创收。有一次，我提着摄像机到一个基督教堂拍摄一对新婚夫妇举行婚礼的镜头，被教堂一位礼仪小姐“礼让”出来。原来她怕我录了像送给新郎新娘，他们就不要教堂的录像了。教堂专门有人摄像、照相，提供场地、结婚礼服，都是收费的。这也是基督教会的资金来源之一。

我有亲友信奉基督教，从他们那里我知道，中国的基督教有个“三自”协会，是政府允许和支持的。他们有正规的教堂做礼拜，正式的牧师讲道，周日、圣诞节等都举行宗教活动；还有很多家庭教会，他们的情况比较复杂，既有虔诚的教会，也有极端、异端的一些宗派性的教会。家庭教会发展很快，但由于法律地位不明确，影响了政府对家庭教会的管理及家庭教会自身的存在和发展，已成为社会稳定的隐患。

善兮恶兮武士道

——日本人为什么工作勤奋？

在日本有好几份中文报纸，我经常看，如《中国留学生》、《中文导报》等。这些报纸经常谈一些中国人对日本感兴趣的话题，不同观点还可以在报纸上争论，所以能吸引人。《中文导报》上曾转载了秦兆雄发表在《朝日新闻》上的一篇文章《中国在希望日本的同时也应自省》，引起了争议。《中文导报》收到不少来稿，从中选择了7篇分5次登了出来，总栏目就是《<中国在希望日本的同时也应自省>争鸣》。我看了一下，批评的文章居多，反映了中国留学生具有较强的爱国心和较高的分析能力。我在1995年10月5日的《中文导报》上看到了浩之写的文章《武士遗风与日本人》，有不同意见，也写了《不该为武士道精神张目》的文章寄给了《中文导报》。时间不长我收到了浩之的回信，原来他是该报编辑，欢迎我的批评，并告之，我的文章就要发表，希望我继续为该报投稿。11月16日，我的文章发表了。后来我又为该报写了几篇文章，都发表了。这里先将浩之和我的文章抄录于后，以供讨论。

武士遗风与日本人

浩之

来日后的所见所闻所感所悟，给我最直观的感受是，日本文化中渗透了武士精神的遗风，而这种古已有之的武士遗风与强烈的民族主义心理相结合，就更使现代日本文化既厚重阴翳而又浅薄明快。

历史地看，日本的武士既不同于中国的“士”，也不同于西方的“骑士”，而是日本社会、日本文化的特殊产物。武士阶层出现于平安时代，大发展于镰仓时代，而德川时代是其最后的完成期。明治维新以后，武士作为特权阶层被取消了，但是，他们当中的很多人又成了日本一定政治力量的代表。镰仓时代，武士道与禅宗相结合，禅宗的哲学观念与修养方法，便成了武士精神陶冶的指南。德川时代由于朱子学成了占统治地位的意识形态，因此，儒家所倡导的孝忠仁义道德使整个武士阶层形成了忠信相依、生死与共的共同体道德。这种共同体道德一旦与神道教所宣扬的天皇崇拜思想相结合，就产生出了忠君、爱国、忠诚、信义、牺牲、廉耻、名誉、尚武等种种道德信条，形成了武士最完善的道德——武士道。这种武士道，直到德川时代才理论化，完善化。

武士精神的标志是责任感极强，重视荣誉，可杀不可辱，失败了自承己过，哪怕杀身引咎也要维护荣誉。因此，当然也就最怕在别人面前丢面子。不妨举几个例子。今年年初的阪神大地震发生后，在灾区也发生了不少是被认为犯罪的事件。如抢砸商店，偷取钱财，甚至也发生了多宗暴力强奸事件，但奇怪的是看不到有人举报，更看不到新闻的报导。是顾面子怕在外人面前丢脸吗？例子之二，日本的乞丐是不乞讨的，他们在垃圾箱里找东西吃，然后在公园、地铁车站、高楼前悠然自得，既不会因乞讨遭人厌烦，也不遭人白眼。总之，连乞丐也有贫贱不能移的风度，虽然这种风度不慎被身上的厚厚的尘垢掩盖了。例子之三，我们经常可以看到那些每天捶打着因劳损过度而酸痛的腰脊的日本人，但他们仍然强烈地意识着自己是“日本人”；他们知道企业有钱国家有钱而自己所劳与所得并不十分相称，但他们和政治家一样，一致认为日本人只有这样才能在国际竞争中获得民族的自豪和荣誉。无论他们到什么地方，他们都彬彬有礼，他们都准备着为增进日本民族的荣耀而尽到责任。

森岛达夫曾对日本武士精神作过这样的分析：“忠诚的意义，在中国和日本也不相同。在中国，忠诚意味着对自我良心的真诚；而在日本，虽然它也在同样的意义上被使用，但是，它的准确意义基本上是一种旨在完全献身于自己领土的真诚，这种献身可以达到为自己的领土而牺牲生命的程度。”从这一意义上说，日本民族是难以征服的，难以战胜的。在这样的民族面前，你恨她也要爱她，你不服她也要赞叹她。在这样的民族面前，世界上还有什么奇迹不可以创造的呢？比较而言，中华民族从根子上就是缺少这么一种武士遗风的精神，要说反省的话，就从这里开始。

不该为武士道精神张目

崔卫国

《中文导报》第106期上刊登了浩之的《武士遗风与日本人》一文，读了以后觉得作者对日本社会的认识是片面的，更不该为武士道精神张目。

作者认为日本人之所以勤奋工作，是因为武士精神重视荣誉的原因。“他们和政治家一样，一致认为日本人只有这样才能在国际竞争中获得民族的自豪和荣誉。”这种认识是片面的。就我在几个企业中接触的日本人来看，他们绝没有这么高的觉悟和荣誉感。他们主要也是为了自己的利益，只不过企业现行制度和武士道精神中的等级观念把他们的利益和企业的利益紧紧捆绑在一起罢了。

日本企业实行终身雇佣制和年功序列制，这使得企业的高级雇员和“先辈”成为既得利益者。只要企业不倒台，他们就可以享受较高的待遇，生活也有了保证。如果企业倒闭了，他们虽不像老板损失那么大，却失去了高级雇员和先辈的地位，一切从零开始。所以，企业的利益一部分就异化为高级雇员和先辈的利益。这里，武士道精神也起了很大作用。

武士是日本封建社会等级制度的产物，因此等级观念是武士精神最主要的特征。日本人的等级观念是很严重的，它不仅将雇员划分为高级雇员和低级雇员、先辈和后辈不同的等级，而且赋予高级雇员和先辈欺压低级雇员和后辈的特殊权力。高级雇员和先辈为了自身的利益，也就是为了企业的利益，不仅自己拼命工作，还督促低级雇员和后辈也好好干活。我在几个企业都看到，高级雇员和先辈不仅常常训斥低级雇员和后辈，有时还打骂他们。低级雇员和后辈只能无条件服从，挨了打骂还一口一个“哈以”。所以说，日本人勤奋工作的动力（确切说是压力）并不是文章中所说的是因为“民族的自豪和荣誉”，而是来自企业外部的竞争力和企业内部高级雇员和先辈对纸级雇员和后辈的影响力。归根到底还是为了他们自己的利益。

日本企业的现行制度和武士道精神中的等级观念构成了集团主义的框架。集团主义在战后日本经济恢复和发展时期起了重要作用，但却越来越不适应于新的历史时期日本经济发展的需要。过去日本靠引进外国专利技术，再将其改善一下使其商品化。这种方法不需要多少创造力。现在随着冷战时期的结束，日本和欧美贸易摩擦的加剧，过去的一套已经过时，需要发挥创造精神的时候了，可日本还没有做好这种准备。很多满怀热情的年轻人，在学校就常受“欺辱”事件困扰，在企业又要受集团主义的压制，很难发挥他们的主动性和创造性。有的人只好到像奥姆真理教这样的新兴宗教中去寻求解脱和发展。所以，企业的现行制度和武士道精神中的等级观念已经成为日本经济发展的障碍。日本要想摆脱当前经济慢性萧条的局面，就必须克服现行的制度和旧的思想观念的束缚。

《武士遗风与日本人》一文不仅对日本人勤奋工作的原因作了片面的理解，而且还为武士道精神张目，这就更是错误的了。文章说：武士道精神，“它的准确意义基本上是一种旨在完全献身于自己领土的真诚，这种献身可以达到为自己的领土而牺牲生命的程度。从这一意义上说，日本民族是难以征服的，难以战胜的。”在第二次世界大战胜利50周年之际，我不明白作者为什么会无视日本民族已经被征服、已经被战胜的事实，却竭力鼓吹日本民族的“难以征服、难以战胜”论？在世界人民包括日本人民都在深刻反省那场战争给世界人民包括日本人民带来巨大灾难的原因的时候，反而鼓吹导致那场战争的日本军国主义的精神支柱——武士道精神，这又是为什么？在日本社会正由形式上的民主主义、自由主义向实质上的民主主义、自由主义过渡时期，在中国社会正在进行社会主义改革日益民主化的时期，作者却吹捧封建专制思想极浓的武士道精神，还说什么“中华民族从根子上就是缺少这么一种武士遗风的精神，要说反省的话，就从这里开始。”这不是逆历史之潮流而动又是什么呢？

参与约束与激励相容约束

现在读自己过去写的文章，觉得仍然高估了武士道精神的作用。日本人为什么那么勤奋地工作？根据信息经济学的理论，是因为受到了两种约束：参与约束与激励相容约束，与武士道精神无关。所谓参与约束，就是让当事人明白，参加进来比不参加进来要好；所谓激励相容约束，就是让当事人明白，为组织而努力与为自己而努力是一致的，不矛盾。我们举个例子来说明这两种约束的作用。

非洲大陆比较干旱，时常发生森林火灾，火灾过后很多动物都被烧死了，但有一种蚂蚁却能活下来。按理说个体越小越容易被烧死，比如一头狮子被火燎一下，多半只是皮毛受伤，但如果火燎的是分散的蚂蚁，肯定个个都被烧焦。那为什么这种蚂蚁可以躲过森林大火世世代代繁衍下来呢？你会说蚂蚁会钻洞，但这种蚂蚁是住在树上的。原来它们生存的办法是：每当林火过来，这种蚂蚁就会抱成一团往地下滚。蚁后在蚂蚁团的中心位置，其他蚂蚁一方面手拉着手脚钩着脚，一方面拼命往里钻。就这样里三层外三层抱成一团在火中滚。外面的蚂蚁被一层一层烧死，被烧焦的尸体对最里层的蚂蚁起着保护的作用。一直滚到安全的地方，最里层的蚁后和一些蚂蚁还活着，这个蚂蚁王国又可以重新繁衍起来。在这个过程中，只有参与抱团才有可能活着，分散的蚂蚁绝无生还的可能。这就是参与约束。参与进来还要拼命往里钻，这既符合蚂蚁个体的利益，因为越往里越安全；也符合蚂蚁王国的整体利益，因为这样才能使蚂蚁团越抱越紧，不至于在滚动中散了架。这就是激励相容约束。正是因为有了这两种约束，这种蚂蚁才免于在森林大火中灭绝。

日本人的献身精神与这个蚂蚁王国类似。日本企业实行终身雇用制与年功序列制，在这种制度安排下员工们深深懂得，只要参与进来就不会被解雇，终身便有了保障，而且参与时间越长，越具有了“先辈”身份，就越有利益和权力。这样为企业而努力与为自己而努力的动机高度统一了起来。于是，参与约束与激励相容约束就起了作用，形成了一种以团体主义为核心的企业文化。在这种文化氛围的熏陶下，个人要想不勤奋也难。那么，为什么我国在计划经济时期实行的也是终身雇佣制，人们就没有这么勤奋呢？这一方面是因为我们只实行终身雇用制，没实行年功序列制，换个单位不是从头开始而是待遇不变，这就使得个人没有把自己和企业捆绑在一起，激励相容约束不够；另一方面，在计划经济条件下企业产权不清，缺乏竞争，没有破产倒闭之说，外部没有压力，也就无法转化为内部的动力。当然，日本的终身雇用制和年功序列制也有问题，论资排辈不利于新人脱颖而出，不利于创新，过强的团体文化也不利于个性的发展。

总之，日本人的勤奋和献身精神是有其原因的，但不是因为具有武士道精神。中国人没有武士道精神，但在改革开放以后农村实行联产承包制，城市实行国企改制，人们不是也开始勤奋起来了么？

武士道精神解读

要搞清武士道是善还是恶，还要从它的渊源说起。

从前有个武士，因小事惹怒主人，乘小舟逃到新罗（今朝鲜）的金海。当时金海有猛虎为害，国人皆惊恐不安，无人敢冒险除虎。武士听说此事后，自告奋勇去射杀猛虎。他对国王说：“这个国家的人，只想保住自身安全而杀敌，所以不能对抗猛兽。而日本人的观念则是将生死置之度外去杀敌。”于是他毫不顾惜自己的生命，终于将猛虎射死。这件事在新罗引起轰动，人们纷纷说：日本人的“兵之道”厉害无比！

这是镰仓前期的故事传说集《宇治拾遗物语》中的一个故事。故事中所说的“兵之道”，也就是后世的武士道的萌芽。“兵之道”固然指武艺高强，但那种舍身对敌的精神显然更重要。这种精神后来被统治阶级加以利用和改造，最后成为完全为统治阶级效忠的武士们的道德标准和精神力量。戴季陶在《日本论》中说：“武士的责任，第一是拥护他的主人的家，第二就是拥护他们自己的家和他自己的生存。所以武士们自己认定自己的主要目的，就是‘为主家’。”“‘轻生死’、‘重然诺’、‘当意气’这种武士独有的特性，固然由于武士阶级的生活必要，但就精神方面看，许多年遗传下来的生活意识所造成的道德和信仰，也是使他们肯于牺牲自己的生命和家族的生命而为主家奋斗的最要紧的要素。”

武士道的这种精神在日本流传甚广的《四十七士（忠臣藏）》故事中得到了集中的体现。故事是这样的：各地大名（即诸侯）要定期觐见幕府将军，两位大名被任命主持仪式。浅野是其中之一，但他不熟悉仪式，不得不向在幕府中枢任职的大名吉良请教。浅野在世故方面十分幼稚，没有向吉良送厚礼，吉良便故意误导浅野，让他穿上与仪式相悖的服装，结果在仪式上出丑。感到受辱的浅野拔刀砍伤了吉良的额头，虽说事出有因，但在幕府将军殿上拔刀动武则属不忠，按规定必须切腹。浅野自杀后，他的47个家臣决心为他报仇。他们首先麻痹吉良，使其放松警惕，然后再寻找机会。为了麻痹吉良，有的武士沉溺于花街柳巷，打架斗殴。为了筹集复仇资金，有个武士把自己老婆卖了当妓女。为了探听吉良消息，有个武士把自己妹妹送进吉良家当女仆兼小妾。机会终于来了，那天吉良大摆酒宴，他的卫士们都喝得酩酊大醉。这47个武士便乘机控制了卫士，冲进府中将吉良的头砍了下来。浅野的家臣为主家报仇的消息惊动整个江户（今东京），人们为武士们的行为所感动，争先恐后和武士们拥抱，热情款待他们。47个武士来到了浅野墓前，供上了吉良的人头和浅野切腹用的刀，并宣读了祷文。他们报答了主家，但还须向幕府将军尽“忠”，便集体切腹自杀了。这个故事在日本家喻户晓，还被选为小学的课文，最能说明武士道精神的真谛。

日本人用樱花比喻武士道精神。单个的樱花并不美丽，但成片的樱花聚在一起就很漂亮，这和武士的集团精神是很相似的。不过这种集团精神既不忠君也不爱国，他们忠的是自己的主家，爱的是自己所在的武士集团。日本人评价武士的标准也不是是否忠君爱国，而是是否忠诚于自己的武士集团。比如战国时期的真田勇士、明治时期反天皇的武士集团，日本人都给予很正面的评价。日本人还认为，樱花最美的时候，并不是盛开的时候，而是凋谢的时候。樱花花期不长，但凋谢有个特点，就是一夜之间满山的樱花全部凋谢，没有一朵留恋枝头。这是日本武士崇尚的境界，在片刻的耀眼的美丽中达到自己人生的顶峰，发挥自己最大的价值，之后毫无留恋地结束自己的生命。武士自杀并非因为输不起，也不是因失败而感到的屈辱承受不起，而是感到自己已经尽到最大的努力了，自己的心愿已经了结，自己的一生已不可能有更大的辉煌了，这时就应像樱花一样凋谢。

从中我们可以看到，武士道精神的负面影响可以概括为两方面：从目的方面看是对主家的愚忠，不管为了什么，主家的话是必须要听的，主家的仇是必须要报的；从手段方面看是对生命的漠视，要么杀人，要么自杀，没有不死人的解决办法。

二战中的武士道

如果说武士道仅仅是武士阶层的道德标准和精神追求，那也好办，随着武士阶层的消亡，武士道精神应该寿终正寝了。但事情不是这样。因为武士道符合统治阶级的利益，所以统治阶级极力鼓吹和宣扬它，将它神圣化、全民化，使武士道成为日本民族精神的一个重要方面，参与塑造着日本人的灵魂。二战中，武士道被利用来欺骗年轻人上战场侵略和屠杀别的民族；之后日本虽然战败，但武士道的阴魂仍然不散，阻碍日本人反省侵略战争的罪行，成为复活军国主义的幽灵。

一种精神之所以成为一个民族的主流价值观，要有一定的社会土壤。日本明治维新以后，社会没有经过大的动荡和革命就由封建社会跨入资本主义社会，人们经济生活发生了翻天覆地的变化，国际地位大大提高，这使得社会各阶层对天皇的忠诚度和信赖度不断增强。这种忠诚度和信赖度成为武士道精神的核心内容和酵母，经过人们相互之间的感染和心理暗示，就像淀粉经过发酵酿成酒一样，形成一种极强的社会氛围，反过来影响着每一个人的行为和价值取向，使人们变得非理性，情绪化，天皇让干什么就干什么，侵华战争就是这样在全体人民积极参与下爆发了。

1937 年 8 月，25 岁的东史郎应召入伍，在即将离别故土踏上屠杀中国人民的征程之际，母亲给他一把刻有文字的短刀，冷静地对儿子说："这是一次千金难买的出征，你高高兴兴去吧，如果不幸被支那兵抓住，你就切腹！我有三个儿子，死你一个没关系。"这是东史郎在日记中记述的场景，令人不可思议。我们相信，生活中的东史郎母亲是一位善良的母亲，但正是受武士道精神熏陶和军国主义思想毒害，才成了一个残忍的母亲，一个泯灭了正常人性的母亲，一个对自己儿子生命漠然视之的母亲。正是在这样的母亲鼓励下，在那样的社会氛围感染下，千千万万正直善良的青年人走上了战场，成了杀人机器。东史郎在日记中写道："母亲的话让我多么高兴。我觉得母亲特别伟大……我在心中坚定地发誓——我要欣然赴死！"这正应验了一句西方格言：上帝要谁灭亡，就先让他疯狂。

记得小的时候曾看过一部日本电影《军阀》，最后的情景令人震憾和不解，至今难以忘却：日本人打败了，很多日本妇女抱着孩子走向大海自杀！那是描写塞班岛战役的，得到强大海空支持的约七万美军进攻孤军困守的四万多日军。日军打到只剩下几千人，而后这几千人向美军发起了"玉碎"冲锋。他们跌跌撞撞，有的撑着拐杖，有的吊着绷带，除了缺胳膊少腿，有的眼还被打瞎了。他们脱掉钢盔，头上缠着白布，"端着机枪和战刀，有的仅仅拿着削尖的竹枪，有的甚至赤手空拳，潮水似地涌向美军阵地；那些没有力气冲锋的重伤员，则引爆了身上的手榴弹。与日军最后冲锋的同时，岛上的日本百姓也开始了大规模的自杀，他们或从崖上跳下，或父母抱着孩子，一家一家走向海里……"整个海面漂满了日本人的尸体。美军到处呼叫："我们不会伤害你们的！"然而基本无效果。塞班岛之战，美军"作战部队起初十分害怕，继而使他们迷惑不解，后来又使他们憎恶，最后却使许多美国士兵表露出真诚的怜悯"。一些士兵泣不成声："日本人……他们为什么……要这样自杀？"

现在我理解了当年日本妇女为什么要拖家带口自杀。整个民族都疯狂了，很难有清醒的个人。但令人感到疑惑和害怕的是，在日本战败60多年以后，为数众多的日本人仍然对那场战争中的罪行不予承认，不思悔改。他们只把自己看成是战争的受害者，而很少想到自己首先是加害者。安倍晋三之所以会不顾中韩等国人民的强烈抗议而我行我素屡教不改参拜靖国神社，是因为有一定的群众基础。东史郎出于对战争的反省，决定出版他的《东史郎日记》，日本便有很多人攻击他是叛徒，是日本军人的耻辱。还有人攻击东史郎在日记中记载南京大屠杀的一个场面是捏造诬陷，东史郎不得不数次走上法庭，多家法庭竟都判他败诉。对于日本首相参拜靖国神社问题，日本右翼竟有人说：日本政府阁僚应更加频繁地参拜靖国神社，让中国人直到习惯日本的参拜而不再抗议为止！

日本的这种表现和德国形成鲜明对比。二战后的德国对纳粹主义进行了全民反省的彻底清算，联邦总理勃兰特跪在华沙犹太人遇难者纪念碑前谢罪，让德国人的形象重新站立了起来。学者金雁在东欧做访问研究期间，遇到了一位 80 多岁的波兰老人，她是奥斯威辛集中营的幸存者，家里其他人都死在集中营。1992 年圣诞节，金雁去看这位老人，老人很高兴，请她吃圣诞节食品，还搬出一个二尺见方的硬纸箱，里面有一大堆物品：小巧玲珑的圣诞树、老人穿的暖拖鞋、老太太穿的羊毛衫，还有火腿肠、巧克力、饼干、圣诞卡、圣诞饰物……圣诞节所需的吃、穿、用都有。金雁好奇地问："是谁想的这么周到?""德国人。"老人递给她一封德国政府寄来的用德、波两种文字写的慰问信。原来战后德国政府除了对纳粹受害者做出经济赔偿外，每年还"根据专门的档案，按性别、年龄和居住国的民俗，给世界各地仍在世的集中营幸存者在圣诞节前寄去一封慰问信和一箱圣诞用品。"这项政策已经坚持了近半个世纪。德国政府还良心债，一还就是五十年。

札幌市举办的"731 部队展"

作为经济大国的日本，在道义上却是令人厌恶的形象。这一点不仅中国人、韩国人乃至很多亚洲人是这么看的，连很多欧洲人、美洲人也开始这么看。不过，也还是有很多日本人对战争的性质有了清醒的认识。1995 年 8 月 5 日，当时我在日本，有个广告说在札幌正举办“731 部队展”，便立刻前往。门口一个血淋淋的造型吸引了人们的注意，展览会不仅有图片和实物展览，还放映记录影片。当年曾在 731 部队干过的日本人用亲身经历讲述侵华日军的罪行。参观展览的人是要买门票的，但仍然络绎不绝。我从人们凝重的神情中知道，现在善良而理性的日本人还是很多的，从他们身上我们可以看到日本光明的未来。

武士道与中国渊源

日本的武士道从哪里来？会不会和茶道、书道、空手道一样，是从中国学来的？日本民间流传一种说法，说日本民族是中国田横五百壮士的后裔。这种说法不知是否可信，但中国是日本精神文化的母国这一点却是千真万确的。如果我们读一下《左传》，便会知道武士道实在是中国人的一份精神遗产。我们只听说过西方人为爱情决斗至死，却很少听说他们为未完成任务而谢罪自杀。其实，武士道精神是儒家伦理的产物。在西方，家从而国的地位，从来没有像在中国那样占据无可替代的地位，从而忠君、忠于家国的观念也就永远不会像在东方那样根深蒂固。

两千多年前，中国人也是一个以舍生取义、杀身成仁为社会主旋律的民族。春秋时，赵盾的门客程婴、友人公孙杵臼舍命救护赵氏孤儿，程婴牺牲了自己的儿子，公孙杵臼牺牲了自己的生命。程婴十几年忍辱偷生，直至将赵氏孤儿抚养成人为赵家报仇之后，自尽而死。战国时，田光向燕太子丹举荐荆轲后，为了使太子丹无泄密之忧，自刎而死。春秋时晋国的豫让因感激智伯的知遇之恩，在智伯死后，毁了容，并吞炭火灼哑了嗓子，一次又一次为智伯报仇，后被捕，求得赵襄子衣服，拔剑击衣，以了心愿，最终自尽而死。伍子胥逃亡之前对妻子割舍不下，妻子毅然而言：“子可速行，勿以妾为念！”遂入户自缢。伍子胥逃亡途中，遇一老渔夫救助其过江，交待“倘追兵来临，勿泄吾机”，老翁毅然叹道：“吾以子含冤负屈，故渡汝过江。子犹见疑，请以一死绝君之疑！”说完投江而死。伍子胥再逃，一浣纱女同情他，赠其饭食，只因伍子胥交待“倘遇他人，愿夫人勿言”，回头一看，那女子已抱石投河了。这些流传甚广的故事与日本《四十七士》的故事何其相似。

武士道在中国本土的趋于消失，至宋时的文人集团大行其道，实在是一个历史的谜团，而它终随儒学东渡日本，反成了大和民族的精神遗产，实在令人百思不得其解。我联想起曾看过的与之完全不同的一个故事，不是说日本人的，也不是说中国人的，而是说荷兰人的。不要忘记，历史上日本人受两个国家的影响最深：一个是中国，日本人最先拜中国人为师，有所谓“汉学”；一个是荷兰，荷兰作为西方的代表，日本人又拜荷兰人为师，有所谓“兰学”。

多年前，蜇居台湾的何应钦以一级上将的身份跑到荷兰旅游，荷兰国防部接待了他，并带他参观了荷兰的国防设施和一旦发生战争荷兰军队如何应对的计划。这份计划之缜密让何应钦咋舌，但更令何应钦惊讶的是，他们还有一份《投降计划》。何应钦不理解，说在中国人眼里，投降是很可耻的，为投降做计划更会涣散军心。而荷兰人回答很从容：我们并不认为投降都是可耻的，如果完全没有取胜的可能，我们会投降，以避免因顽抗遭致毁灭性打击。留得青山在，不怕没柴烧，现在韬光养晦，是等以后强大了，再夺取胜利。

从这个故事里我们看到，西方人和东方人有不同的价值观、道德观。这两种价值观、道德观的区别在这里主要表现为两点：一是西方人更注重长远目标的实现，为了长远目标，眼前受点委屈也没有什么；二是西方人更注重人的生命，认为人的生命是最宝贵的，如果连生命都没有了，别的一切都谈不上。这两点值得我们认真思考，尤其值得崇尚武士道的人很好借鉴一下。

武士道的另一面

武士道一旦沦为统治阶级侵略的工具，就充分暴露出它可恶的一面。但它也有可敬的一面，这就是认真执着、纪律严明和对英勇无畏的敌人的尊重。

抗日战争胜利时，第32集团军总司令李默庵曾担任中国战区日军的受降工作。作为一名参加过抗战、对日军血腥暴行仍记忆犹新的中国军人，李默庵的心情是复杂的。一方面是切齿痛恨，另一方面伴随着受降过程，李默庵渐渐增添了感叹：

日军战俘回国途中始终以正规军人队列行走，毫无紊乱现象，也无事故发生。在缴械之时，日军将所有武器包括重机枪、车辆及自佩武器都擦拭得干干净净，并将其人员、马匹、武器、弹药、被服、袋具、车辆等物资登记造册，数字清楚，让人感到与其说是缴械投降，不如说是在办移交手续。

李默庵后来在回忆录中写道："对当时的这一切我至今印象深刻，并颇有感受。透过日军交缴武器这个细节，由此也可以看到一个民族的精神面貌。当时我就想，他们的纪律如此严整，行动如此一致，将来如果领导正确，必是一个可以发挥无限潜力的国家。"

在日本访学时看到的一幕也让我产生同样的感受。当时我在北海学园大学我的研究室看书，突然电闪雷鸣，下起了瓢泼大雨。我走近窗户向外看，楼下是大学的运动场，几十名学生正在列队跑步。他们并没有因下雨而停止训练，反而更加斗志昂扬、步伐整齐、口号嘹亮。望着这些浑身淋得透湿脸上透着稚气的大学生，我当时想，这种精神我只在上中学时体验过。那时我在新疆喀什二中上学，一天上体育课进行队列训练，由于老师的疏忽忘了喊"立定"，整齐的队伍就毫不犹豫跨进了操场边的一条小河。现在恐怕走遍神州大地也很难找到这样一支学生队伍了。

日本的武士道还表现为对英勇无畏的或强大的敌人的敬重。二战中美国人向日本本土投了两颗原子弹，加快了日本投降的步伐。日本人尽管年年纪念广岛和长崎的死难者，但对美国人还是打心眼里佩服的，因为它强大。日本人还和苏联打过仗，吃了败仗，所以尽管在北方四岛领土归属问题上耿耿于怀，但也没有一点办法，因为它强大。日本人对中国人有些看不起，因为中国落后，还出了那么多汉奸和伪军，丢尽了中国人的脸。历史证明，要想赢得日本人的敬重，不是向他们示爱，而是向他们示强。二战中有几件事可以说明这一点。

其一是狼牙山五壮士之举。狼牙山五壮士悲壮地跳崖了，这一幕被躲在棋盘坨仙人洞里的一个叫李海忠的道士看到了。他还看到——攻上棋盘坨顶的日寇目睹了五壮士跳崖的壮举，不禁惊呆了。他们肃然起敬，随着军官的一声号令，整齐地排成几列，看着五壮士跳崖的地方，恭恭敬敬地鞠了三个躬。这一情景，后来道士告诉了别人。起初人们相信这一幕是真的，但后来道士的话被当成了“为日寇涂脂抹粉的反动谣言”加以批判，道士从此缄口不语了，人们也不敢再传播了。

其二是杨靖宇将军死后之事。杨靖宇是在濛江县保安村三道崴子与日本警佐西谷和日军头目岸谷隆一郎率领的百余名日伪军激战中壮烈牺牲的。据有关资料记载，杨靖宇牺牲后，西谷“一点也没感到快乐”，反而“呜呜地哭起来”。岸谷隆一郎实在搞不清杨靖宇在重重包围这么长时间里靠什么活着，让人解剖了杨靖宇的胃，发现里面只有草根和棉絮。此时，这个屠杀中国人的屠夫“默默无语，一天之内，苍老了许多”。有个日本军官连声赞叹：“杨靖宇，中国人的英雄。”

其三是仵德厚等17名中国军人碰到的事情。仵德厚仍健在，他口述了这样一件事：他的部队在山西娘子关南峪车站一带与日寇激战中陷入重围，一场恶仗打下来，112人只剩下17人。这时一个会汉语的关东军教官向他们喊话说：“你们弹尽粮绝，又无援兵，消灭你们轻而易举。如果放了你们，你们还敢和皇军打吗?”仵德厚回敬道：“我们决不投降，军人只有战死沙场，我们一定要打败你们!”谁知，那个教官过了一会儿又向仵德厚喊话说：“你们不是还要和皇军打吗？可以开路了!”这时，日军吹起了军号，日军士兵都从掩体里站起来了，持枪站好，有数百人。仵德厚说：“我从军几十年，从没见过这样的场面，战士们也都呆住了。能相信鬼子兵吗？大家看着我，我迟疑了一下说‘站起来，走出去，再打!’我们17人互相搀扶着往外走。这时，所有的日军都向我们行注目礼。”

这些故事让人不敢相信，但我认为是真的，主要原因就是因为日寇的这些举动符合武士道精神。日本军人对于顽强不怕死的人是最为推崇和钦敬的。日本武士道的经典著作《武士道》里就这样写道：面对危险和死亡的威胁也不失去沉着的人，在大难临头时吟诵诗句，在面临死亡时吟唱和歌的人，我们赞叹他是真正伟大的人物。于是，那些忠诚、守节、不怕死的敌军中的英雄，便可能成为他们尊敬的对象，这也是武士道可敬之处。但这些日本军人并不懂得，中国军人的忠节和他们的忠节性质是完全不同的。中国军人的忠节是反对侵略，保卫祖国，大前提是他们从事的是正义的战争，因此他们的忠节才是可歌可泣的；而日本军人从事的是非正义的侵略战争，大前提都错了，所以他们的忠节是愚忠，只能是一种罪过。不过，日本军人向狼牙山五壮士、向杨靖宇、向佧德厚等17名中国军人致敬，也不是没有一点价值的，其价值就在于能反衬出抗日英雄们的价值，抗日英雄们能让气焰嚣张的日寇打心眼里佩服，这才是惊天地而泣鬼神！

日本应该反省了，“大和”民族理当“和”而不武，“武士道”也应武而有“道”。如果将武士道精神用于损害其他民族利益，就是对人类和平和正义的不“忠”，就是强盗之“勇”，最后必然会损害自己民族的利益，使国家成为嗜血和变态的仇杀者乐园！

同兮异兮屯田兵

——北海道屯田兵为什么寿终正寝?

来到北海道，接触到一些资料，有一个词引起了我的注意，这就是“屯田兵”，知道在北海道的开发历史上，屯田兵起了很大的作用。什么是屯田兵？我查了日本大修馆出版的《大汉和辞典》，找到了相应的解释：“兵士在边疆驻屯，平时使用耒耜从事耕作，有事就拿起武器来守护这块地方，这就叫屯田兵。汉武帝时，边境事多，屡屡动兵，而运粮的费用又大，于是根据赵充国的建议，让士兵在边境要地驻屯，从事耕作。屯田兵由此而来。”也许是参考了中国的经验，所以日本政府在明治年间也向北海道派驻了屯田兵。现在北海道的很多地方都建有屯田兵纪念馆，每年屯田兵入驻的日子，这些地方还举办各种纪念活动，图书馆里也有不少关于北海道屯田兵的图书。

于是我产生了一个想法，就是调查一下北海道屯田兵的情况，并将北海道屯田兵和新疆屯田兵做个比较，看它们有什么相同之处和不同的地方，从中得出有益的启发来。

新疆的屯田兵

古时候，新疆是塞人、羌人、姑师人、月氏人等多民族聚集的地方，被称为西域。匈奴是蒙古高原的一个民族，它经常向周围的民族发动战争。西汉临近匈奴的郡县成了匈奴掠夺的对象，西域各民族也经常受到它的侵扰。公元前141年汉武帝刘彻即位，两次派张骞出使西域，以联合乌孙等国共击匈奴。乌孙王猎骄靡也有意联合，派使者向西汉求婚。公元前110年，汉武帝将细君公主嫁给乌孙王。出嫁时，汉室的陪嫁丰盛，还跟去不少随从人员。为了使公主有个依托，经乌孙王同意，一些随从士兵便在肱雷（今伊犁河谷）筑塞，屯田积谷（《史记·匈奴列传》)。这就是新疆最早的屯田兵。

公元前60年，匈奴内部发生政变，日逐王降汉，汉朝乘势统一了西域，在今轮台县内的乌垒城设立了西域都护府，管辖西域36国。都护府专设戊已校尉管理屯田兵。当时在东师（今吐鲁番)、北胥鞬（今鄯善)、姑墨（今阿克苏)、楼兰（今若羌）等地都有屯田兵驻扎。在罗布淖尔出土的汉简中，有不少是记载汉朝屯田兵情况的。从中我们可以看到，屯田兵来自内地许多地方，他们既有正规士卒，也有“应募士”，很多人都带有家属。

以后的东汉、三国、西晋、前凉、隋、唐、元、明、清等朝代，中央政府都在西域设有屯田兵。三国的曹操留有“夫定国之术，在于强兵足食。秦人以急农兼天下，孝武以屯田定西域，此先代之良式也”（《三国志·魏志·武帝纪》）的名句，明太祖朱元璋也说过“养兵而不病于农者，莫若屯田”的佳话。这中间因中原内乱及民族分裂分子制造叛乱等原因使新疆的屯田事业有过数次中断，但随着祖国的统一，国家的强盛，屯田兵又不断恢复和发展。唐朝时，唐太宗很重视屯田。据《唐六典·河西道》记载，唐在西域的屯田兵，龟兹（今库车）有20屯，疏勒（今喀什）有7屯，焉耆有7屯，吉木萨尔有20屯，伊州（今哈密）有1屯，西州（今吐鲁番）有1屯。1屯即一村，约有百十户人家，五千来亩土地。西域平时驻军4.4万人，多时达10万以上，这些人的粮饷供应，主要靠屯田兵来解决。清朝，新疆的屯田事业发展也很快，专门设有屯田总兵一职，负责屯田兵管理。据《新疆图志》，乾隆四十二年新疆屯田兵达13904人，种地283108亩，每年可收获粮食14.3万石。由于屯田的发展，出现了“生齿日众，边境安谧，岁事屡丰”的繁荣景象。在清朝后期处于内忧外患、财政危机的情况下，“风景”却“这边独好”，这不能不说是屯田兵在起着重要的作用。

到了中华人民共和国建立，新疆的屯田事业达到了高峰。1949年，新疆和平解放，驻疆20万人民解放军即分赴天山南北荒漠深处开展大生产运动，保证了粮食供应。1953年，根据毛主席命令，驻疆11个师17.5万人正式编为生产建设部队，成为屯田兵。随后又成立了新疆生产建设兵团司令部，统一领导各地的屯田事业。当时即建立农牧团场39个，后来又发展为174个。到现在生产建设兵团已开垦土地1400万亩，人口增加到245.36万。兵团的农牧团场、工矿企业、商店、学校遍布在全疆各地，它在新疆边防和建设事业中起了很大的作用。

北海道的屯田兵

北海道自古以来是阿伊努人居住的地方，被称为虾夷。从德川幕府时代起和人开始移居这里，和阿伊努人有了商品交易关系。1669年，阿伊努人因不满和人控制交易场所盘剥阿伊努人而爆发了以夏克山为首的起义。后来起义被松前藩镇压下去，自此，松前藩对全岛实现了直接统治。

1800年，为了全岛警备和开发的需要，原半左门卫千人同心及弟子约100多人被派到北海道屯田。其中50人去了白糠，50人去了勇払。因为勇払的土地不适于耕作，勇払的士兵又移往鵡川。当时两地共配枪支25支，后来又追加了78支。这些屯田兵一手拿枪，一手拿锹，与大自然进行了艰苦的斗争，终因不服虾夷水土，很多人病倒。1804年全部撤离。北海道第一次屯田兵计划就这样以失败而告终。

1868年，明治天皇建立了日本新政权，虾夷改称北海道，开拓使被任命为北海道的最高行政长官。当时，俄罗斯占据了北方几个岛屿，并对北海道虎视眈眈。而北海道大部分地区尚未开发，警备力量很弱。旧幕府的士族也因削藩生活无着落，急需给他们找个出路。于是陆军大将西乡隆盛建议招募士族在北海道建立屯田兵部队，平时生产，战时出征。开拓长官黑田清隆经实地考察，也认为建立屯田兵很有必要。1874年（明治七年）10月，经天皇御准，陆军省和开拓使共同制定的《屯田兵例则》颁布实行。次年5月，从宫城、青森、酒田的东北三县的士族中招募的198户965人作为第一批屯田兵，被编为第一大队第一中队。他们坐船从小樽上岸，披荆斩棘步行36公里来到巨木参天的原始森林中，也就是现在札幌这个地方，建立了第一个屯田兵村——琴似屯田兵村（《历史写真集·屯田兵》第14页）。

以后25年中，从全国各府县又陆陆续续招募了总数达7337名屯田兵，他们由4万家属伴随，来到北海道札幌、江别、旭川、北见、室兰、根室、厚岸等地，建立了37个兵村，编成4个大队37个中队。这中间，北海道的最高行政机构由开拓使变为函馆、札幌、根室三县，最后是北海道厅。屯田兵管理部门由屯田兵事务局变动为屯田兵本部、屯田兵司令部，最后是第7师团司令部。屯田兵的招募对象由士族到平民。屯田兵兵种由单一步兵到骑兵、工兵、炮兵。屯田兵服役期限由子承父业的无期变为3年、预备役4年、后备役13年，后来预备役消除、现役8年，最后又改为现役5年。屯田兵的土地给与由一户分五千坪（约25亩）到一户一万五千坪（约75亩），干部可达二万坪（100亩）。1881年，明治天皇视察了屯田兵村。屯田兵制度越来越完善，它在北海道开拓和警备事业中所起作用也越来越大（《历史写真集·屯田兵》第200页）。

随着国家的强盛，明治政府的扩张主义开始膨胀。1894年中日甲午战争爆发，北海道屯田兵被编为临时第7师团开赴前线。当时根据入植人数应征4905人，实际不到4000名，900多屯田兵已忍受不了屯田兵的艰苦生活逃离兵村（《屯田兵》，札幌市教育委员会编，第196页）。临时第7师团到东京待命，还没上前线战争就结束了。当权者开始觉得屯田兵制度实际并不适应侵略战争的需要，于是临时第7师团变为常备第7师团，屯田兵各大队相继解队。到1904年日俄战争爆发，征兵令开始在北海道实行，第7师团扩编为第3军出征，《屯田兵例则》随即废止，北海道屯田兵终于完成了它的历史使命。

尽管如此，屯田兵在北海道人的心目中仍有很高的地位，北海道的不少地方都保留了当年的屯田兵屋，并将其辟为纪念馆，以屯田兵精神教育和激励后人。我参观了札幌的两处屯田兵屋，一处在一个神社里，以方便人们祭拜神灵，就近到屯田兵屋瞻仰。我是按着地图找到这个地方的，当时天下着雨，没有一个人，屯田兵屋的灯光很暗，给人以阴森森的感觉。屋中陈列的当年屯田兵用过的简陋的工具和生活用品，向人们叙说着当年北海道开拓的艰辛。另一处在一个兵营里，是用来教育新兵的。每年冬天士兵们都会堆很多雪雕，兵营开放供市民参观和游玩，我也就进去看了屯田兵纪念馆。这个纪念馆比较正规，除了展示当年屯田兵用过的工具、武器和生活用品外，还有图片说明。

后来小田老师开车带我去旭川、网走、北见考察，首先我们就来到了旭川兵村纪念馆。旭川市是北海道第二大城市，离札幌138公里。一百多年前这里还荒无人烟，是屯田兵首先在这里开荒造田建立了兵村，慢慢发展成这

和小田教授参观旭川兵村纪念馆

个规模。旭川兵村纪念馆是我见过的最大的屯田兵纪念馆，有两层楼，分几个展室。尽管来参观的人不多，但管理员克尽职守，向我们热情地讲解。我问管理员："屯田兵后来为什么不存在了呢"？他说，昭和17年，由于战争的需要，老的屯田兵分了土地和农具当了农民，年轻力壮的上了前线成了完全的士兵，北海道屯田兵也就完成了它的历史使命。

两地屯田兵的相似之处

第一，新疆屯田兵和北海道屯田兵都为本国的边疆开发做出了重要的贡献。新疆地处欧亚大陆腹地，四面高山阻挡，海洋水气不易进入；中间是塔克拉玛干沙漠和古尔班通古特沙漠，水分不易保存。因此这里气候十分干燥，对农作物生长十分不利。所以，无论是历史上还是现在，新疆比起内地还有

沿海地区来说，都要贫困和落后。屯田兵自诞生以来，从内地和沿海地区带来了先进的生产工具和技术，促进了新疆生产力的发展。例如，屯田兵带来了先进的制铁技术，使西域铁器质量大大提高。《汉书·陈汤传》记，当时西域生产的兵刃，“颇得汉巧”，便是明证。昭苏乌孙古墓中出土的铁铧，为汉代遗物，也是很好的说明。据《史记·河渠书》记载，可知今天吐鲁番盆地的“坎儿井”，就是汉代关中地区“井渠法”的发展。由于气候恶劣，新疆人口稀少，屯田兵来了以后，还带来了很多老百姓，他们组成民屯，开荒造田，为发展边疆作出了积极贡献。例如 1775 年（乾隆四十年），民屯垦地已达 70 余万亩，致使大片荒漠之地得以开发，“沙碛之区，绝无弃地，泻卤之土，尽变膏腴”（《清高宗实录》卷 877）。屯田兵还有保护“丝绸之路”的任务，这使得中西交通畅通，使者商贾往来不绝。中原的蚕桑、瓷器、茶叶、铁器等产品传入新疆，新疆的水果、毛皮、牛羊等农畜产品也到了内地。屯田兵促进了新疆和祖国内地经济和文化的交流，增进了各民族间的了解和团结。不仅如此，今天新疆生产建设兵团还以其规模优势，全方位改造荒漠，改善了人们的生存环境。他们进驻塔克拉玛干和古尔班通古特沙漠深处，造田 1400 万亩，修渠 6.4 万公里，修水库 93 个，建桥修路 1.8 万公里，在天山南北的亘古荒原上，开发出片片新绿洲。据石河子垦区莫素湾灌区资料介绍，自开发以来，该灌区每年降水量增加 28 毫米，蒸发量减少 268 毫米，八级大风日数由 9.3 日减为 1.25 日。

北海道位于北半球亚寒带地区，四面是大海，中间山峰起伏，因此冬天寒冷多雪且漫长。过去，这里主要是阿伊努人居住，他们以渔猎为生，生产工具十分落后，也不从事农业。屯田兵来了以后，开始开荒造田，发展农业。下表反映了当年北海道耕地增加情况（《北海道的历史》榎本守惠、君尹彦著，第 168 页）。

起初北海岛屯田兵用从原籍带来的稻种试种水稻，由于不适应北海道气候，屡遭失败，最后终于培育出新品种，开始大面积播种，水稻连年丰收。在上川百万石丰收的大米中间，有一半是屯田兵生产的。北海道屯田兵还大力发展了亚麻生产。过去渔民织网用的麻都是从岛外进来，现在完全可以自给，还有多余。于是帝国织麻会社建成，生产的麻织品供应全日本。北海道

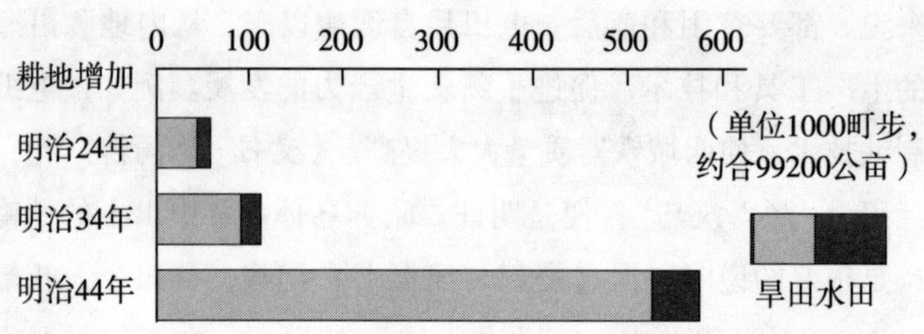

图 5－1　屯田兵的到来使北海道耕地大大增加

屯田兵还借助行政手段，推广新品种、新技术。新琴似兵村第二代中队长安东经考察认为，在亚麻收获以后，还可以种一季大萝卜。当时正值盂兰盆节，屯田士兵都不愿种，他就将种子发给每户，命令他们种。结果不仅亚麻丰收，大萝卜也丰收，札幌市街销路很好（《屯田兵》，第 178 页）。屯田事务局推行的蚕桑事业、开拓使的外国顾问推广的牛、羊、马、猪及果树、蔬菜养植计划、第 7 师团鼓励的牧草生产，在屯田兵中都得到贯彻执行，并取得了很好的成绩。

第二，它们都用严酷的军纪来约束屯田兵。

北海道寒冷多雪，新疆气候干燥，这样恶劣的自然环境使得刚开始人们都不愿意到这些地方来，即使来了也很难长期坚持下去。所以，过去往北海道和新疆移民是很困难的事，即使采取优惠政策也很不容易奏效。屯田兵之所以能在北海道和新疆站住脚、扎下根，并取得很大成绩，一个很重要的原因是用法令、纪律把屯田兵束缚在土地上，很难离开。

北海道屯田兵的纪律是很严酷的，每天起床、吃饭、劳动、训练、睡觉，都要听从军号指挥统一行动，连屯田兵的家属也不能例外。据北海道妇女历史研究会会长高桥三枝子在《日本》杂志 1987 年第 5 期上撰文介绍，有一个 1987 年还健在的屯田兵的妻子，叫女津江，她说，当年她们妇女跟男人干一样的活，甚至比男人干的还多，刨树根、挑土筐，压得她肩膀跟章鱼头一样红肿。她实在受不了了，一天夜里逃了出来，别人发现后劝她回去，说如果被抓住是会被杀掉的，吓得她又回来了。榎本守惠在《北海道开拓精神的形成》一书中甚至说：“屯田兵和犯人只是说起来一个好听些一个难听些，程度

北海道开拓村旧纳内屯田兵屋

上有差别而已，其实都是受约束的劳动力。”屯田兵的“家族教令”把人们束缚得死死的，失去了自由。所以一旦屯田兵条例废止，很多人便摆脱了这种束缚，离开了兵村。下表是昭和 28 年调查的光珠内兵村在明治 35 年屯田兵条例废止后屯田兵离村的情况（《北海道的历史》第 168 页。“光珠内”疑是“高知内”之误——笔者）。

表 1－1　光珠内炮兵屯田兵村离村情况表

离村年代	明治38年以前	明治39～40年	明治44～大正4年	大正5～9年	大正10～14年	昭和1～5年	昭和6～10年	昭和11～15年	不明	计	来时户数	剩余
户数	9	32	16	18	6	0	0	1	6	88	120	32

新疆屯田兵也受到了严格的纪律约束。新疆最早的屯田兵是汉武帝时细君公主嫁到乌孙国时带来的。《汉书》中记载了细君公主写的一首诗：

吾家嫁我兮天一方，　　远托异国兮乌孙王。
穹庐为室兮旃为墙，　　以肉为食兮酪为浆。
居常土思兮心内伤，　　愿为黄鹄兮归故乡。

尽管细君公主很不习惯西域的生活，迫切思念回到故乡，但是与乌孙国联姻是汉武帝政治上的需要，他怎么会让细君公主回来呢？细君公主尚且如此，跟细君公主去的作为公主一个依托的肱雷屯田兵就更是如此了，不得不服从命令，长期屯田在边疆。清朝乾隆年间为解决屯田兵的不安心问题，派往新疆的屯田兵是轮换的，期满即返回原派提镇。1768年，由于轮换屯田兵旅费开支大，情况刚熟悉又走了，所以改为常驻屯田兵，建制上与原派提镇脱离关系（《清高宗实录》卷812）。这引起了很多屯田兵不满，然而又不能违抗军令，只得服从。

新疆生产建设兵团的生活也是相当艰苦的，这一点我有亲身体会。我的出生地在陕西绥德。有句话叫“米脂的婆姨绥德的汉”，说米脂县的女人很漂亮，绥德县的男人很有男子气，我就是一个“绥德的汉”。5岁那年我母亲带我到新疆来找我父亲，我父亲所在的部队跟随王震将军到新疆屯垦戍边。记得那时候，一个连队在一个地方开荒种粮食，没房子住，就住在“地窝子”里。所谓“地窝子”，就是在地上挖个大坑，上面搭上木料，盖上芦苇泥土，人就住在里面。我父亲是指导员，可以带家属，全连就我一个孩子。白天大人都下地干活去了，我只好一个人玩。我在戈壁滩上跑来跑去，在芦苇丛中钻进钻出，就像有首歌里唱的那样，俨然是“一只来自北方的狼”，一只孤独的小狼。晚上大人都回来了，吃了饭就睡觉，蚊子又开始向人进攻，搞得人睡不着觉，以至现在一听到蚊子在耳边“嗡嗡”地叫，就让人想起那个时候。戈壁滩上很少下雨，但一下起来就惨了，“地窝子”里四处漏雨，地下的靴子都漂起来了，被子湿漉漉的，一家人围坐在木板床上等到天明。

由于条件艰苦，很多农垦战士都不安心，但受到严格的纪律和户籍、档案管理制度约束，不是想回原籍就可以回去的。1960年代初，上海等一些大城市的数万支边青年被招募到新疆生产建设兵团。起初他们一腔热血报效祖国，干得很不错，可毕竟从大城市来，面对严酷现实天长日久也受不了。1980年代他们要求回原籍，上面不同意。如果私自回去，落不上户口连吃粮食都成问题。他们强烈呼吁，终于迫使兵团领导和原籍负责人同意了他们回原籍的要求，却又规定，已和本地人结婚的，配偶不在此例。有的支边青年为了回老家，只好离婚。军纪和户口、档案管理制度保证了兵团队伍的相对稳定性，却以个人丧失选择自由为代价。改革开放以来，没有户口也能吃上粮，这种情况才有所改变。

两地屯田兵的不同之处

新疆屯田兵与北海道屯田兵的不同之处是很明显的，比如历史长短不同：新疆屯田兵的历史自公元前 110 年肱雷屯田兵算起，至今仍然存在，且越来越发展，已有 2117 年了；而北海道屯田兵到 1903 年最后一支屯田兵中队解散，总共才 104 年的历史。又如规模大小也不同：新疆屯田兵最多时达 93.3 万人，加上家属有 245 万之众，而北海道屯田兵最多时也就 7337 人，加上家属才 5 万人左右。除此之外，它们还有以下几点区别：

首先，是面对的敌人不同。新疆自公元前 60 年汉武帝时代正式列入祖国版图之后，各族人民心向祖国，反对分裂，但少数民族分裂主义分子也不时发难，妄图将新疆从中国分裂出去。如唐朝，先有西突厥以田比咄陆可汗的反叛，后有瑶池都督阿史那贺鲁的作乱。又如清朝，先有准噶尔部噶尔丹勾结沙俄的颠覆，后有大小和卓的造反，及浩罕国阿古柏的侵犯。也就是说，新疆的分裂和反分裂的斗争从来就没有停止过，有时还表现得十分激烈。新疆的主要危险来自国内外的分裂主义。新疆屯田兵在长期的反分裂斗争中也确实起了重要作用。如清代康熙在巴里坤屯田，雍正在乌里雅苏台（今蒙古国扎布哈朗特）屯田，都对反分裂起了很大作用。乾隆朝三次出兵伊犁，平定准部叛乱，都以巴里坤和乌里雅苏台为进兵基地和供应基地。魏源在《圣武记》卷七中说：“圣朝（康熙）垦之，世宗（雍正）耨之，高宗（乾隆）获之。”这段话道出了康、雍、乾三代皇帝西域屯田的相互关系及重要意义。

时至今日，民族分裂主义仍然是新疆的主要危险，新疆屯田兵的主要敌人仍然是民族分裂主义分子。1962 年，由于前苏联的策动和诱骗，一些民族分裂主义分子煽动群众闹事。他们在伊宁夺警察枪支，占据州人民委员会大楼，殴打干部，抢走外事档案材料。在此时刻，兵团农 4 师奉命迅速派兵增援区党委，打击了暴徒的嚣张气焰，稳定了社会秩序。1975 年，中央撤销了兵团建制，可没过几年，民族分裂主义分子就和国内外敌对势力相勾结，殴打和残杀汉族群众，举行非法游行示威，妄图将新疆从中国分裂出去，建立所谓“东突厥斯坦共和国”，反动气焰十分嚣张。鉴于这种情况，中央政府又于 1982 年恢复了新疆生产建设兵团的建制。这对民族分裂分子无疑产生了巨大的威慑力量。2009 年 7 月 5 日，民族分裂主义分子在乌鲁木齐市发动打砸抢烧杀事件，据不完全统计，造成 1700 多人受伤，197 人死亡。在平定这次事件当中，除了武警之外，新疆生产建设兵团也起了重要的作用。

北海道屯田兵面对的敌人主要不是民族分裂主义者。北海道虽然有阿伊努人，他们也曾起来反对过和人的统治，但自松前藩平定了夏克山起义之后，他们完全臣服于和人的统治，再没有制造过事端。德川幕府时代的八王子千人同心的屯田，主要是为了治安和开发的需要，不是为了抵制民族分裂的。明治时代的屯田兵，其主要敌人也不是民族分裂主义者，这一点我们从陆军大将西乡隆盛和开拓长官黑田清隆有关建立屯田兵的文件中也可以看得很清楚（参见《西乡隆盛全集》第三卷、《开拓使日志》第八号）。从《屯田兵例则》的绪言中我们知道，刚开始设立屯田兵，目的是为了国防和开拓的需要。但到后来，随着日本一步步向帝国主义过渡，情况就变了。北海道屯田兵自建立以来，参加过三次战争。一次是 1877 年的西南战争，这是日本国内政府军和反政府军的一次战争。当年 4 月，琴似和山鼻两兵村接到出征命令，乘船开往九州参战，9 月凯旋而归。一次是 1894 年至 1895 年的中日甲午战争，日本为进一步侵略朝鲜而挑起战火，迫使清政府签订了《中日马关条约》，赔偿白银 2. 3 亿两。1895 年 7 月，北海道屯田兵总动员，组成临时第 7 师团开到东京待命，不久战争就结束了。一次是 1904 ~ 1905 年的日俄战争，日本同沙俄为争夺朝鲜和中国东北，在中国旅顺打了一仗。1904 年 10 月，第 7 师团下达动员令，北海道屯田兵被编成第 3 军，参加了旅顺的围攻战，占领了 203 高地，1905 年凯旋而归。这三次战争都不是在北海道进行的战争，也不是为了国防需要而进行的自卫战争。这三次有两次都是侵略战争。北海道屯田兵参战，完全违背了屯田兵的宗旨。北海道屯田兵俱乐部会长伊藤广近年在编著《屯田兵》这部书时写道："也许是我独断，我认为参加这些战役不是屯田兵的本来目的。"（上书第120页）看来，在帝国主义条件下，北海道屯田兵这支有光荣历史的开拓部队也难免成为侵略战争的牺牲品，北海道屯田兵的开拓精神也难免被利用成为为侵略战争服务的工具。

1931年"九一八"事变、1932年"一·二八"事变、1937年卢沟桥事变，日本一步步侵占中国。为了达到长期霸占的目的，日本推行殖民政策，向中国东北派遣满蒙开拓青年义勇军，进行武装移民。为了欺骗这些青少年为帝国主义卖命，他们极力推崇北海道屯田兵的"开拓精神"，称之为"屯田兵魂"（《北海道历史》榎本守惠著，第247页），妄图让他们在中国东北扎下根来，将中国东北也变成日本的北海道。其实，他们鼓吹的"屯田兵魂"与北海道屯田兵的开拓精神已经有了本质的区别。它不是"屯田兵魂"，而是军国主义之魂，侵略战争之魂。军国主义为之招魂，注定要失败，也被历史证明是已经失败了的。1945年8月，在日本军人高举双手、神情沮丧地撤离中国大地之后，在中国黑龙江西北的茫茫荒原上，还滞留着一群既是入侵者、又是受害者的日本女孩子。她们就是当年日本政府派来的屯田兵，《大地、鲜花与歌声》（今井百合子著，董兴业编译）这部小说写的就是她们的事情。

其次，待遇不同。北海道屯田兵的给予品在《屯田兵例则》中有详细规定，包括移住安家费、旅费、房子、家具、农具及三年的伙食费等项目。其中房子被称为兵屋，起初每户12坪（约合39.6平方米），后来改为17.5坪（约合57.75平方米），木结构。下图是陆军省颁布的屯田兵住房标准平面图（《屯田兵》，第71页）。这是和式建筑，两间卧室，铺有草垫子，一叠约有一张单人床大。板间为伙房，土间为起居室。

除此之外，每户还分有土地。起初规定每户五千坪（约25亩），后来改为士兵一万五千坪（约75亩），下士以上干部每人二万坪（约100亩）。每个兵村还有相同数量的公有地，作为道路、防风林、墓地、打谷场和学校、中队本部建房等用地。因为屯田兵肩负警备任务，所以这些土地是不用上税的。明治三十四年（1901，即屯田兵解队前两年），北海道厅向琴似兵村、山鼻兵村发了征税令，引起了屯田兵的惊异和愤怒。他们组成北海道屯田兵俱乐部，开展猛烈的反对运动，迫使政府收回成命。这件事使屯田兵对政府产生了不信任感，他们便早早将公有地卖掉，变成了兵村的公有金，用以修建学校、道路、神社，购买银行债券（《屯田兵》，第208页）。

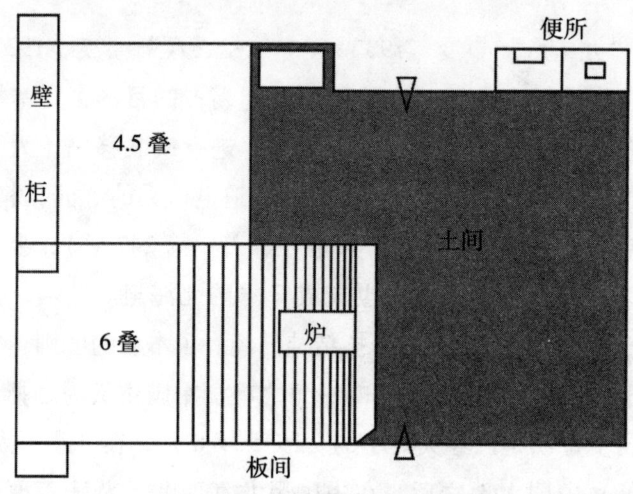

图3－2　屯田兵屋陆军省标准平面

管理兵村公共财产的是兵村村长，还有选举产生的兵村部落会议。管理整个北海道屯田兵经费的起初是开拓使，开拓使废止后移交给陆军省，北海道厅成立后又由道厅负责。我们从开拓使10年计划的收支计算表中可以看出，用于屯田殖民的费用为726497日元（《北海道历史》，榎本守惠、君尹彦著，第137页）。

新疆屯田兵的待遇与北海道屯田兵有很大区别，最大的不同在于新疆的屯田兵是要向政府纳税的。唐朝规定："镇戍地可耕者，人给十亩以供粮"（《新唐书·食货志三》）。我们从1972年吐鲁番出土的唐代《伊吾军纳粮牒》上也可知道，伊吾屯田兵每年要向北庭军纳粮4000石，向伊州粮仓缴粮197石。清代乾嘉时期，每个屯田兵授田20亩，由官府给种子、耕牛、农具，月发饷银1两，每年纳粮12～18石，视土地肥瘠而定。据《新疆图志》资料，乾隆42年，新疆屯田兵13904人，种地283108亩，年获粮14.3万石，成为新疆军粮的主要来源。新疆生产建设兵团也是要纳税的。到1988年止，兵团已累计向国家上交粮食435.7万吨，棉花98.3万吨，油粮54万吨，机制糖71万吨，肉食14.5万吨，上缴国家利税24.35亿元（赵予征著《新疆屯垦》第316页）。所以长期以来在民间流转这样一句话，说兵团“是军队，没军费；是企业，办社会；是政府，要上税”。这里“办社会”指的是兵团农牧团场远离市街，自己要办学校、医院、商店等社会服务性设施；“是政府”指的是农牧团场还行使政府的职能。这句话一方面说明了兵团的作用和贡献是巨大的，另一方面也说明了兵团战士的负担是沉重的。

兵团开垦的土地属国家所有，兵团战士集体在这块土地上耕作，每月按级别领取固定工资。这种等级固定工资制在一定时期内起了积极作用，但随着生产的发展，弊病越来越明显。兵团职工长期以来收入很低，生活很艰苦，住的房子很小，工资常常被拖欠。改革开放以来，兵团推行以职工家庭联产承包责任制为主要内容的经济体制改革，即以户为单位，在农场领导下承包土地，自主经营，定额上交，余额归己。这种体制比固定等级工资有所进步，调动了兵团战士的生产积极性。

第三，制度化程度不同。明治年间，日本以欧美资本主义国家为模式进行了维新改革，法制得以推行。因此，北海道屯田兵一开始就以条例、规则为行动的准则，制度化程度比较高。1874年10月，由开拓使和陆军省制定的《屯田兵例则》包括绪言、编制、检查、升级、勤务、休假、补助、诸官的职务等八项，它成为北海道屯田兵制度的基础。以后随着发展还制定了一些新的规章制度，如1877年的《屯田兵预备兵条例》，1885年的《屯田兵条例》，1890年的《屯田兵土地给予规则》、《兵村会规则》，1892年的《屯田兵招募规则》等。对原有制度也根据情况的变化进行了几次修改。例如关于屯田兵的服役期限，刚开始没有规定，明治十八年规定为世袭制，即父亲死亡、事故和年龄超过40岁以后，由子弟来继承。后来他们认识到这样束博了人的自由，明治二十四年改为现役3年、预备役4年、后备役13年，合起来一共20年。以后根据情况的变化对服役期限又做了修改，使得屯田兵有了熬头，也有了奔头，产生了积极性。又如关于屯田兵的招募对象，刚开始只有士族才有资格，实践证明士族不惯劳动，不会种田，屯田效果差。于是明治二十四年以后改为平民屯田，农业成绩比较好了，离散者也比较少了（河野常吉著《物语北海道史》，第90～93页）。北海道屯田兵制度逐渐完善，即使到了最后，屯田兵解队了，它也不是不了了之，而是明确宣布《屯田兵例则》废止。制度化程度高，就使得北海道屯田兵的行动有法可依，贯彻始终，而不会因人而异，时断时续，保证了北海道屯田兵事业持续稳定地向前发展。

相比之下，新疆屯田兵的制度化程度就低些，主要靠人治，而不是法治。清朝以前，新疆屯田是作为保证军粮供应的一个临时性措施，边防事紧就进兵办屯田，事情缓和了就撤军、减少或撤销屯田兵。平时西域各国主要由其国王自行管理，西域都护府只是代表中央政府给各国国王及官吏分封授印、接受纳贡。到了清朝，准部叛乱，乾隆皇帝认识到间接管理不能安邦定边，于是在平定准部叛乱之后设立了伊犁将军，对西域直接管理，并采取“边防与屯政相维”（《清史稿·食货志一》）的方针，长期在西域设立屯田兵。但是，当时的屯田兵派遣还没有形成制度，我们从史料中也找不到任何屯田兵条例和规则之类的东西。新中国成立之后，新疆的屯田兵事业进入高潮，已形成制度，但制度化程度仍然不高，主要表现在制度不够完善，没有一部可称之为新疆生产建设兵团制度的基础性文件，对服役期限也没有规定；很多做法长期停留在试验阶段，多以通知形式的红头文件发布，不够稳定；很多制度务虚的多，务实的少，不够详细具体，缺乏可操作性；现有制度比较零散，缺乏系统性和统一性，有的还相互矛盾；制度的制定和执行为同一机构，缺乏监督和反馈。这些都影响了新疆屯田事业的进一步发展。

历史对我们的启示

北海道屯田兵为北海道的警备和开发做出了重要的贡献，在日本历史上写下了光辉的一页。北海道屯田兵的开拓精神鼓舞后人不断克服困难，去争取更大的胜利。北海道屯田兵的正规化、制度化的经验，也值得我们借鉴。但是，随着日本一步步走向帝国主义，北海道屯田兵也一步步走向战争，充当了侵略战争的工具。北海道屯田兵的开拓精神，也被篡改为所谓的“屯田兵魂”，成为帝国主义者欺骗青少年的工具。只有这样认识，才比较全面客观，才能在借鉴北海道屯田兵开拓精神的同时，吸取北海道屯田兵参加侵略战争的教训，为世界和平做出贡献。现在，北海道许多地方都有纪念屯田兵的组织和设施，也有不少介绍屯田兵的图书和资料。每到当年屯田兵入植的日子，各地还组织庆祝活动。但是遗憾的是，它们的宣传往往注重了前者而忽视了后者，有的甚至美化后者，将侵略描述成是为正义而战，将被迷惑的盲目行动说成是英雄行为，为日本军国主义张目。如前面提到的北海道屯田兵俱乐部会长伊藤广那样，认为屯田兵参加这些战争违背了屯田兵的本意的人并不是很多。今天，在中日甲午战争爆发120周年、第二次世界大战结束69周年的时候，为了自己的民族和子孙后代，日本难道还不应该对此做出深刻反省吗？

新疆屯田兵为新疆的安定和开发做出了重要贡献。那么，在新的历史时期，它应该怎样发展才能与时俱进呢？我认为，应该大力宣传新疆屯田兵和新疆生产建设兵团的开拓精神和丰功伟绩，为他们树碑立传，教育后人为边疆的安定团结和繁荣富强努力奋斗。可惜的是，在新疆乃至整个中国专门纪念屯田兵的纪念馆不多；就连北京军事博物馆这样的国家级军事博物馆，也没有给屯田兵一个应有的位置。据说一位澳大利亚朋友来华访问，提出要参观军事博物馆，当时军事博物馆正在举办房产交易会，陈列馆厅是人山人海的房地产商的摊位。“这样神圣的博物馆，怎么可以变成做生意的场所？”他叹息道。我认为，我们在指责别人歪曲历史的同时，是否也应该检讨一下自己对历史的轻视？我们花那么多人力、物力和时间在学校开设那么多没人愿意听、也没人愿意讲的政治课，为什么就不能建设一些博物馆、纪念馆让青少年免费来参观学习呢？我相信这样的效果会更好些。

另一方面，新疆生产建设兵团的体制也应顺应市场经济进行改革。用管理士兵的办法来管理生产，那是计划经济时代的产物。现在要发展市场经济，就要改变传统的管理办法，让市场更多地起到调节作用。所幸的是，这些年新疆生产建设兵团在这方面做了很多工作，取得了很大的成绩。由于实行了家庭联产承包制的改革，很多兵团职工依托机械化和规模经济优势，办起了家庭农场，生产积极性不断提高。最近几年，报纸电视都有关于新疆生产建设兵团主要产棉区棉花增产、招收近 100 万内地农民赴疆摘棉花的报道，2005 年因采花工短缺，自治区教育厅下文组织近 10 万学生到各棉区摘棉花。尽管媒体和政府是为采花工短缺着急，却透露出农作物连年大丰收的喜讯。

福兮祸兮合作社

——日本农协为什么能成功?

比较完了新疆和北海道的屯田兵，不由得就让人想比较一下中国和日本的农业合作组织。上个世纪40年代后期，战后的中国和日本几乎同时开始了土地改革，将地主的土地强行分给了农民。但不久历史就出现了分岔：中国将分给农民的土地收归集体所有，办起了合作社和人民公社，致使农业生产长期徘徊不前。尽管全国有80%的人口搞饭吃，粮食仍不过关，到70年代末，不得不进行家庭联产承包责任制的改革，农业合作组织随即解体。而日本土地所有制没有变，分给农民的土地还是农民的，只是在这个基础上办起了农业协同组合（简称农协），使农业生产保持了持续稳定发展的势头，只有4%的农民便养活了全国人口，农协至今在农民生产和生活领域起着重要的作用。两相比较，很多问题令人深思。

我亲身经历了中国农村的变化，又考察了日本的农协组织，力图在比较中探索一条适合中国农村发展的道路。让我们还是从历史说起吧。

人民公社的失败

中国的封建社会是十分漫长的，那时土地被封建地主占有，农民虽然离不开土地，却没有土地，不得不忍气吞声受地主的剥削和压迫，就这样还食不果腹、衣不遮体。当他们终于到了活不下去的时候，就发出山呼海啸般的呐喊，举起砸烂这个旧世界的铁拳。纵观中国历史，哪一次改朝换代不是因为农民起义？而又有哪一次农民起义不是因为土地呢？然而，古老的中国却仍然重复着古老的历史，一顶顶皇冠落地、一件件龙袍加身，渴望得到土地的人仍然一无所有，而那些篡夺了农民起义胜利果实的统治者们照样把农民踩在脚下。

统治者不是完全看不到土地问题关系到他们地位的稳固，不少开明君主还制定了一些如“均田制”、“耕者有其田”的政策和口号，但由于他们阶级和历史的局限性，不可能将这些政策和口号贯彻到底。例如蒋介石就懂得土地的重要性，他在1946年发功内战的关键时刻就电令部下：“对于处理土地纠纷，尤须注意，实行绥靖区减租法规，务须使耕者有其田，此为我军与共×斗争之基本问题。务希我将领切实励行，勿误。”① 但是国民党的将领怎么会很好地执行这个命令呢？他们连同整个国民党的官僚阶层都是靠剥夺农民的土地过着花天酒地的生活，要他们减租，使耕者有其田，那不是与虎谋皮吗？

但是共产党就能做得到，他们大多是农民的儿子，最懂得农民的艰辛和需要。毛泽东在1945年就指出：“‘耕者有其田’，是把土地从封建剥削者手里转移到农民手里，把封建地主的私有财产变为农民的私有财产，使农民从封建的土地关系中获得解放，从而造成将农业国转变为工业国的可能性。”“在中国的条件下，只有我们共产党人把这项主张看得特别认真，不但口讲，而且实做。”② 在中国共产党的领导下，解放区农村推行土地改革，没收地主的田地分给农民。当一堆堆烧毁的旧地契映红了农民仇恨的眼睛的时候，当一个个已经钉上的新界桩燃起了农民希望之火的时候，他们怎么能不跟共产党走呢？他们怎么能不参军支前为推翻蒋家王朝统治而作出贡献呢？得人心者得天下。中国共产党的政权就是在实行了土改给了农民土地以后才取得的。

最有说服力的例子是在东北。东北的老百姓在日寇铁蹄下“盼中央、想中央”，他们盼的想的是哪个中央呢？是国民党的中央。所以日本刚投降国共两党两军都在争夺东北这块地方的时候，起初人民是支持国民党的，要参军也参加“国军”，而看不起共产党的土八路。所以当时共产党的军队条件很艰

① 1946年12月30日，蒋介石特天字第70号密令。

② 《毛泽东选集》，1075～1076页。

苦、处境很险恶。是什么时候情况开始变化的呢？是共产党实行土改以后。东北党政机关大精简，抽出三分之二干部共12000多人下乡搞土改。经过清算、分地斗争，1947年初，各地有400万农民获得了约3160万亩土地，分得牲口44万多头，粮食1470万担。“翻身不忘恩，好汉去当兵!”这样的口号于是写遍黑土地每个乡村每条街道的墙壁上。农民有了土地，再给他们发支枪去保卫这块土地，他们怎么能不拼命呢？据《东北三年解放战争军事资料》统计，三年中黑土地有1445907名农民参加了共产党的军队。共产党凭借着这支军队消灭了国民党的47万大军，为解放全中国奠定了基础。

新中国成立以后，农民在自己的土地上耕作，生产积极性得到充分发挥，第一年就夺得了丰收年。当时主管财政经济工作的陈云同志提出了“粮食多了怎么办”的问题。他说：“粮食丰收以后，有些地方（东北、湖北、湖南、江西）粮食多了，怎么办呢？我想可以适当地把一部分粮食生产转变到经济作物的生产上去，同时可以在靠近铁路的三亿农民中提倡积谷，如果每人积十七八斤，就是五十亿斤，贸易公司再控制五十亿斤，这一百亿斤粮食对于我们国家有着极大的政治意义。”①

但是这种情况并没有持续几年。由于朝鲜战争爆发，前线需要粮食，政府实行统购统销政策。土地改革后形成的农村粮食市场取消了，农民和国家的矛盾被激化了。为了解决这个矛盾，也为了实现共产主义的最终理想，党和政府组织农民走上了合作化的道路，后来又发展到人民公社化。人民公社化的特点是：

第一，农民变相失去了自己的土地。他们既无权支配土地，又无权支配劳动。种什么，种多少，什么时候种，怎么种，一切都由上级来控制。农民完全失去了种地的主动权，成为完成上级指令的被动工具。

第二，农民也无权支配自己的劳动成果，连产量的估算也得服从上级的意志。浮夸风时说亩产万斤粮，结果农民饿肚皮。农民的生产劳动与分配脱了钩，上缴、留种、分配的数字完全由上级来决定。

第三，人民公社不仅是生产单位，它还是一级政权。农民被牢牢地束缚

① 《陈云文选》（一九四九——一九五六年）第130页。

在土地上，即使吃不饱肚皮也不能离开这块土地。这叫“农村户口”，和城市户口可以说是两个等级。这实际是对农民人身自由的剥夺。

实行合作化人民公社化以后，一方面中国像苏联那样靠剥夺农民的办法积累了重工业建设资金，原子弹、氢弹爆炸成功，火箭、卫星胜利上天；另一方面，农民从事农业生产的积极性受到沉重打击，粮食产量长期低迷。城里人吃粮定量，每月凭粮票供应28斤；农村人打了粮首先要交公粮，所剩不多才是自己的口粮，一遇灾年就要饿肚子，甚至出现了像1959~1961年那样的大饥荒，饿死了不少人。

发生在1959~1961年的那次大饥荒，到底死了多少人？一直是个谜。我亲身经历过那次大饥荒，对饿肚子的滋味深有体会，但当时吃住在新疆的一所学校，没见过饿死人的。后来参加工作，和我同宿舍的小伙子洗澡，我发现他身躯有点畸形，便好奇地问他，他说是那次大饥荒时饿的。他的老家在安徽农村，当时村里很多人都饿死了。他爷爷奶奶饿死了，爸爸妈妈逃荒了，丢下了他和姐姐躺在炕上奄奄一息。他哥哥在新疆已参加工作，他哥哥的同事到安徽出差，他哥哥委托他回老家看一看，说这么长时间没有回信，也不知怎么样了。这位同事到他家看到这种情景，就把他们接到新疆，算是捡了一条命。这是我第一次听说那次大饥荒饿死了那么多人，而这类信息以前不仅报纸不公布，人们之间也是不让传播的。改革开放以后，关于那次大饥荒的真实情况不断有材料公布，从已披露的材料看，关于那次大饥荒死了多少人有不同的说法，但最保守的数字也令人震惊，当时有人写了这么一副对联，上联是“二三四五”，下联是“六七八九”，横批是“人民公社万岁”。明眼人一看便知，这对联明里歌颂人民公社，实际是批评人民公社缺衣少食。写对联的人被以“恶攻罪”逮捕入狱。没想坏事变成好事，他在监狱里至少还有口饭吃，可他在外面的很多乡亲却因没粮食被活活饿死了。

那么，造成这一大饥荒的原因是什么呢？过去很长一段时间人们都认为是“三年自然灾害”造成的，教科书上也是这么说的，但这一说法受到了越来越多的质疑和挑战。1964年刘少奇在七千人大会上代表中央所作的报告明确指出，造成这一灾难的原因是“三分天灾，七分人祸”。20世纪90年代，著名学者金辉先生根据多年的研究，于1998年发表了《“风调雨顺的三年”——1959～1961年气象水文考》，引起了巨大的反响。大量气象水文资料证明，那三年全国范围没有什么大的自然灾害，而是少有的风调雨顺。

造成那次大饥荒的另一种说法是“苏联逼债”。幸好，中苏当年的一些档案已经解密，这种说法也站不住脚。据近期《书刊报》上的《1960年前苏联“逼债”真相》一文透露，当时中国共欠苏联债务14.06亿新卢布，折合人民币52.9亿元。应该说，这些外债对中国这样一个大国来说是并非不能承受的。苏联单方面撤走专家、终止对华经援协议，发生在1960年7月，当时的大饥荒早已酿成，大规模饿死人的现象早已发生。把苏联逼债说成大饥荒的原因显然是在推卸责任。

还有一种说法，认为造成大饥荒的原因是中国人打肿脸充胖子，自己十分困难还支援朝鲜、古巴、越南、阿尔巴尼亚等国。还有人认为左倾狂热下的大炼钢铁、大办食堂和“共产风”、“浮夸风”等，也是造成那次大饥荒的重要原因。这些说法都有一定道理，但都没有说到根子上。根子在哪呢？根子就在人民公社这种制度安排不利于调动农民的生产积极性。在人民公社里，因为土地是集体所有的，这就不可避免地产生“公地悲剧”。这种“公地悲剧”不是土地资源的过度开发，而是劳动投入的大幅度减少，“搭便车”现象的普遍滋生。土地不是自己的，劳动收成也不直接和透明，谁会用心地经营它呢？试想一下，如果真正做到了“耕者有其田”，没有收成自己就要饿肚皮，谁还会去搞那些愚蠢行为？

自然规律是不可阻挡的，饿肚子的农民总是忘不了土地，他们像偷情的恋人一样总在寻找机会。1956年、1960年、1964年，每四年一次，安徽农民反复进行了包产到户的尝试，每次都激发了农民的生产热情，而每次又都遭到了批判。1978年，安徽省凤阳县小岗生产队的18户农民十分秘密地立下文书，实行包产到户。文书写明，实行包产到户以后，如果队长被抓去坐牢，大伙轮流送饭；队长若被杀头，全村承担责任抚养队长子女到18岁。18户农民依次在文书上按了手印。多么悲壮的一幕！它说明在农民眼里土地是多么诱人啊，人们宁可坐牢杀头也要夺得对土地的支配权。这次包产到户情况不同了，党和政府承认了它的合理性，并将它总结为家庭联产承包责任制，由此拉开了全国农村改革的序幕。

农民把这一改革称做土地改革以后的“第二次解放”。伴随着这次解放，人民公社这个锁链也被打碎了。家庭联产承包责任制的普遍推广和人民公社的迅速解体使中国农村面貌发生了根本性的变化：

第一，农业大丰收。从1980年到1984年，农业连续五年大丰收。五年中粮食增产了1000亿斤，棉花增产了380万吨，基本上解决了长期未能解决的农民的温饱问题。

第二，农村商品经济大发展，1953年统购统销以后关闭的农村粮食市场重新开放，农村经济的65%实现了商品化，近1亿人进入乡镇企业，产值达到1万亿元，超过了农业产值。

第三，农民人身也获得解放。随着农产品和乡镇企业生产的工业品打进城市走向全国市场甚至世界市场，愈来愈多的自由农民离开土地进入工业、商业、服务业，进入城市，成为城市改革的动力。

家庭联产承包制比起人民公社来说，农民和土地的结合更直接一些，所以能调动农民的积极性。但是，由于土地的所有权并不属于农民个人和家庭，这就使得农民和土地之间还好象隔着一层东西，便不可避免带来一些局限性：

第一，承包期限的局限。因为农民只在一定期限内对土地有使用权，这就不可避免地产生短期行为，这种短期行为就是不愿多投入的掠夺性开发。有的农民将承包的山林里的树都砍了，卖成钱揣在口袋里才放心。有的农民光给地里施化肥不施农家肥，因为化肥见效快农家肥见效慢，这就破坏了土壤的结构。有的农民不愿搞农田水利建设，因为农田水利建设既费钱费工，承包期到了以后其效益又没得到充分发挥等。

第二，土地买卖的局限。中国人多地少，每户承包就那么点地，守着种地影响了出外挣钱，出外挣钱又影响了种地。如果土地可以买卖，这个矛盾也好解决，一些农民可以买别人的地成为种地专业户，发挥土地规模经营效益；另一些农民可以通过卖地积累些资金做买卖或从事别的行业。但土地只是承包给你，本人无权出卖，结果不少人只好弃田外出挣钱，让田荒在那里，然后再用外出挣的钱交承包费用。这样就使交易成本大大增加，本来就少的土地利用率更加减少。

第三，选择居住地的局限。因为土地不能买卖，就无法割断土地和农民的联系，使得很多农民“走得了和尚走不了庙”，人虽在外面打工，家还被拴在土地上，于是不得不开春出外打工，入冬回家过年，既增加了交通运输的负担，又增加了个人路费的开支，这种两地分居的家庭生活还形成家庭与社会不安定的因素。

第四，科技应用的局限。承包以后，土地分成不同利益的小块，又不能通过买卖使其相对集中，这就使机械和信息等科学技术的应用受到限制。一些大型农业机具锈蚀，许多农科人员流散。另一方面，农民由于缺少信息和科技服务，一下子从高度集中的管理体制下解脱出来反而不知道种什么好了。他们问政府，政府说什么赚钱种什么。可作为单个的农民，他们怎么知道什么赚钱呢?

由于存在以上局限，家庭联产承包责任制只能解决农民温饱问题而不能致富。吃饱了饭的农民欲望也在增长，既然土地不再能满足他们的欲望，他们便离开土地出外闯世界。据报纸报导，现在每年盲目外出打工的农民就有近亿人，高峰时光滞留在广州和上海火车站的农民就有好几十万，形成了一股强大的“民工潮”。本来，在工业化的过程中农民适当向城市流动也是正常现象。但是当这么多的人盲目向城市流动，而农村的生产力尚未充分开发的时候，这就造成了巨大的浪费并蕴含着社会动荡的危险。1984 年以后中国农业又趋徘徊停滞，形势将迫使政府采取新的改革措施。

农协的成功

日本的国土面积是 36 万 988 平方公里，耕地面积只占 17%。战前，日本全国农业人口约占 40%，而农民当中 65% 是雇农和半雇农。雇农 50% 的收成要交给地主，余下的部分去掉成本已所剩无己，所以农民生活非常艰苦。他们不断起来和地主作斗争，终因地主的利益受政府保护而失败。

战后，从战场上退下来的军人，从军工产业退下来的工人以及从四面八方涌来的失业大军就像虎口大开地急切地等待安置。同时，由于日本投降后原来靠殖民地输送的农产品和煤等能源中断，饥寒交迫威胁着千万日本人的生命。由于粮食不足大量难民在饥饿线上挣扎，东京街头讨饭者比比皆是。

仅1945年12月15至16日两天，警察就在上野地区收容2500名流浪者。同时，由于战争将农村中青壮年拉上战场，战后大量的伤残退役军人回到家乡。然而，传统的田耕地主制使这些一贫如洗的雇农子弟根本无法再承受地主的剥削，急切需要改变日本的土地政策。

由于日本是战败国，所以战后日本的重建和改革主要由占领军最高司令部（GHQ）负责。鉴于当时日本农村的情况，在美国华盛顿的几位农业政策专家首先提出了在日本进行土地改革的建议，特别是俄裔出身的拉金斯基更是这项改革的积极倡导者。1946年1月，他加入了占领军最高司令部的决策者行列，充当了麦克阿瑟司令官的参谋顾问。拉金斯基的信念是“耕作田地的人必须以法律确保他们收获的成果”。在他们的努力下，占领军最高司令部下达了《农地调整法改正公布（第一次农地改革）》，将土地均分给佃农，并将不在农村的地主的土地分给没有田地的农民。即使是居住在农村的大地主，也限制他拥有耕田的数量，多余的强行分给农民。这项改革措施使占人口一半以上的日本国民的地位和收入发生了根本的变化，是明治维新以来日本又一次革命。

后来日本政府又实施了第二次农地改革，弥补了第一次农地改革的缺陷，扩大了第一次农地改革的成果，从法律上保证了农民有了自己的土地，大大调动了农民的生产积极性，使农业生产不断发展。改革后的十年间，日本农业生产发展就总体上说增长了60%，平均每年增长3.1%，创造了历史最高水平。农业的发展为日本经济的起飞奠定了牢固的基础。

之所以取得这个成绩，是因为农地改革使土地的所有权与使用权一致了。上图是改革前后土地的所有权和使用权转移情况表，从中可以看出农地改革以后土地的所有权和使用权趋于一致，土地剥夺（即所有权与使用权不一致）的情况不断减少。东京大学教授大内力先生在总结这一历史时指出：“正如A. S. 森达所说的那样，‘所有权创造了点石成金的奇迹’，这是农民所有者的意识诱发的心理效果。如果用狭意的解释就是，借地农制（即地主所有制）掠夺了地力，而小农民的所有具有维持地力的功能。”①

① 东京大学社会科学研究所编：《战后改革之六：农地改革》，第383页。

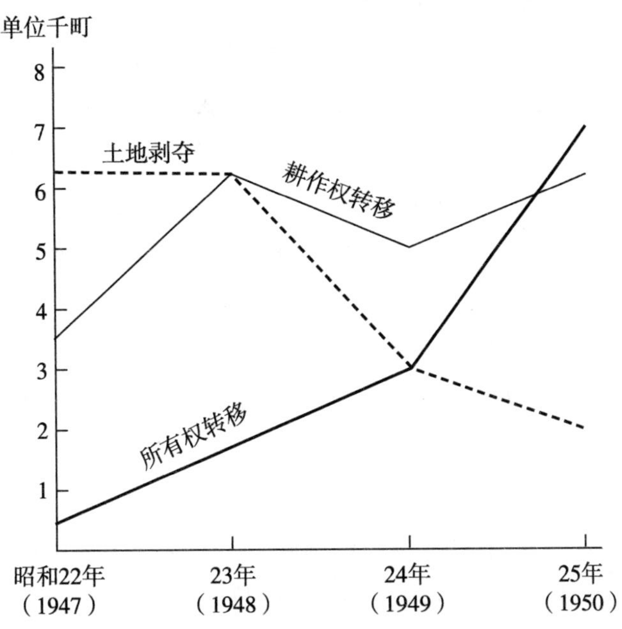

图 6-1 改革前后土地所有权转移情况

(出自日本农林省农地局农地课《昭和 25 年农地年报》155 页)

农民有了自己的土地以后愿意向土地多投入了，但是接下来又遇到新问题，这就是农民在自己的土地上生产已经够吃力了，如果再让他负责农用物资的购买和农产品的销售，往往就感到力不从心。万一遇到个天灾人祸什么的，单个农民就更对付不了了。历史让日本农民和中国农民在土地改革后碰上了同样的问题。中国农民起初的选择是成立互助组，即土地和其他生产资料的所有权关系不变，村民们在自愿的基础上组织起来互助合作。但是互助组没多久就转成了合作社和人民公社，土地的所有权也由个人转为集体，农民逐渐失去了对土地的自主权。日本不是这样，他们建立了农业协同组合(简称农协)。农协虽然也是一种互助合作形式，但和合作社、人民公社以及家庭联产承包责任制相比，具有以下特点：

首先，土地和其他生产资料的所有关系不变。农民虽然参加了农协，但土地和其他生产资料仍然归个人所有。他在自己的土地上生产，生产什么，什么时候生产，生产多少，完全由他自己决定。他也可以将这块土地出卖。

他在这块土地上所获的收益和所冒的风险也由他自己享受或承担。这种所有关系保证了农民和土地的直接结合、所有权和使用权的统一。

其次，农民单独生产的劳动形式不变。农民虽然参加了农协，但并不是集体在一起劳动生产，而主要是以家庭为单位的耕作和经营。其实农业劳动和工业生产不同，就适合于分散经营，大家都在一起干不出活。现代经济学也证明，在一定条件下给同样的土地每增加一个劳动力，所增加的收益是递减的，这叫做边际收益递减规律。

最后，农民的主人翁地位不变。农协只是个经济组织，不是一级政权。农民可以参加农协，也可以不参加农协，完全有人身自由。既然参加了农协，他就是农协的主人，有权享受农协提供的一切服务。农协的负责人（组合长）由农民选举产生，只对农民负责，定期向农民汇报工作，并随时接受农民的监督。农协开展各项业务都是为农民服务的，所以本身不能赚钱，收支相抵必须为零。多个农协还可以联合成立地区的乃至全国的联合会（全国联）。全国联接受政府指导，但对不利于农民的政策可以抵制。

那么，农协具体干些什么事呢？

第一，参与农产品的价格决定。日本农协的前身是农地改革时成立的农民组合，主要任务是联合农民同地主作斗争。农地改革以后地主的反抗减弱，农民的注意力转向与他们切身利益有关的农产品价格问题，于是农民组合便转换职能，变成农协，代表农民（即生产者）参加由政府组织的消费者代表也参加的农产品价格（主要是米价）审议会，是形成对农民有利价格的压力团体①。日本农产品价格是世界上最高的，这与农协的努力分不开。农产品的产出季节性很强，而其价格又不能波动太大，农协在中间起了平衡的作用。

第二，负责农产品的保管、加工和销售。农协首先在市场调查的基础上（包括与商店签订供货合同）同农民签订生产合同，农民按合同生产，产品集中交给农协。农协收到农民交来的农产品以后，先付一定比例的货款，其余等产品卖出后再付。农协及农协系统（农协—经济协等）建有仓库和加工厂，

① 春晖等：《现代日本经济史》，新斐阁出版，第106页。

对农产品进行一定时间的保管或一定程度的加工，然后按合同和市场发展情况分期运往商店销售。日本的大米和牛奶是统制物资，其价格和销售有政府部门参与。其余农产品均由农协负责销售。

第三，负责农用物资的购买。农民生产中所需要的肥料、饲料、农药、机械，先向农协预订，农协负责统一购买，按时向农民供应。农协的购买是通过农协这个系统（农协—经济协—全国联）来进行的，所以保证了质量可靠和价格便宜。为了保证供应，农协系统还办了工厂。例如从 1956 年到现在，日本农协系统出资共办饲料厂 56 个，专门生产配合饲料，解决了农民的家畜饲料问题。

第四，兴办信用和共济事业。农协办有信用金库，农民有了钱可存入信用金库。随着农民收入的提高，农协信用金库存款不断增加，到 1982 年，农协信用金库及其关联银行存款已达日本各金融机构的第一位，进入世界前 18 位。所以农民盖房、添置农机具和发展生产需钱时，向农协申请贷款也很方便，并且贷款利息也大大低于都市银行。农协办的共济事业（即共同救济事业）与保险事业类似，但因它是非营利部门，所以比一般的保险公司范围广。例如它有养老生命共济，农民退休以后生活费、医疗费不用自己操心，去世后还有一笔生命共济金。

第五，举办机械银行。农业生产需要很多农业机械，但如果每户农家都自己购置全套农业机械，不仅费用昂贵难以做到，而且既使买来使用率也很低。所以农协便举办机械银行，农民将自己一时不用的农机“存入”机械银行，需要时再去“支取”。别的农民也可向机械银行“借贷”这些机械。于是机械银行里便有了各种各样的农机具供农民选用，既方便了农民，也提高了机械的使用效率。

第六，提供技术指导。农协的工作人员大都是农民聘请的专家，可以对农民进行技术方面的指导。农民在生产中碰到什么技术问题，只要给农协打个电话，农协的人就会及时赶来帮助解决。农协还和农业改良普及所一起，研究农作物栽培技术，推广科学的栽培养殖方法。下图是深川市农协机械银行和普及所的工作体系图，从中可以看出这个体系保证了农民能够应用先进的栽培技术。

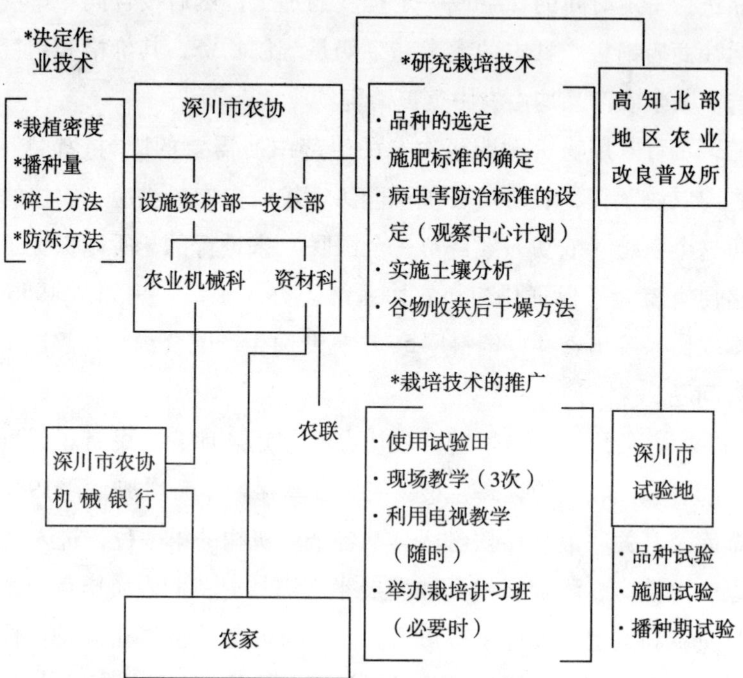

图6－2　深川市农协机械银行和普及所工作体系

（选自矢崎俊治著《营农集团和农协》，第56页）

农协还有其他一些功能，如办农协病院、农协报纸、农协观光等①。总之，农民除了生产要自己进行以外，其他一切，包括生老病死都由农协负责。农协就是农民的家、农民的主心骨、农民的乐园。农协既是适应市场经济发展的一个好形式，其中又包含了很多社会主义的因素。我们在日本农村中调查发现，日本农民百分之百都参加了农协，他们对农协十分信赖，农协对他们的生活也产生了很大的影响。在政府的扶持和农协的帮助下，日本农民生活水平很高，几乎家家都有楼房、汽车，地里的蔬菜和庄稼长得也很好。在农村中我们没有看到贫困现象。在我国办人民公社农村经济几乎崩溃的70年代，日本农协的经济却蒸蒸日上。

北海道是日本的落后地区，气候寒冷，南网走又在北海道的北边，生

① 须田勇治：《农协》，教育社。

产条件更差。但就是在这个地方，农民在农协的帮助下仍然获得好收成，平均每个农家每年收入 300 万 ~ 500 万日元，每月收入 27 万 ~ 42 万元，不仅大大高于我国农民的水平，就是比起日本平均收入水平来也要高出一截。

北海道一农民住宅和农作物

对农协作用的思考

在农协的具体工作中，参与农产品的价格决定具有特殊重要的意义。如果没有农协参与农产品的价格决定，形成对农民有利的压力集团，农产品价格势必很低，农民收入很少，农业发展就难以为继。

有人说，农民可以通过科技进步提高农产品产量，从而提高收入。我们说科技进步固然重要，但如果没有农协帮助，农民很难提高科技水平；就算是有少数农民通过科技进步提高了产量增加了收入，但大多数农民的收入仍然没有增加。要想让大多数农民都增加收入，就必须普及科学技术，而当科学技术普及了，农产品总的供给增加了，价格又会下降，农民收入还是提高不了，是谓“谷贱伤农”。

有人说，农产品价格下降，必然会刺激需求，使农产品销售量增加，收入就会增加。我们说，由于农产品是生活必需品，需求缺乏弹性，价格一个较大的下降只会引起需求量一个较小的增加，所以农民收入还是会减少的，这就是所谓“增产不增收”。如图 6－1 所示。

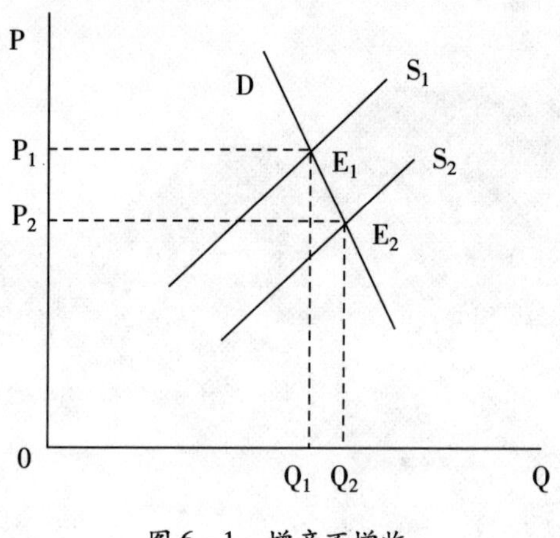

图 6－1　增产不增收

在图 6－1 中，横轴 OQ 表示农产品数量，纵轴 OP 表示农产品价格，S_1 和 S_2 分别是农产品增产前后的供给曲线，D 是农产品需求曲线。由于农产品是生活必需品，需求缺乏弹性，所以 D 比较陡直，这就使得农民增产后的收入 $OQ_2E_2P_2$ 小于增产前的收入 $OQ_1E_1P_1$。

有人说，农民收入减少，会使部分农民退出农业，导致农产品供给减少，价格就会上升，留下的农民收入就会增加。我们说这当然是个办法，城市化就是提高农民收入的一个途径。但既便是这样，农民的收入也只能维持在一个最低的水平上。为什么呢？这是因为在没有农协的情况下，农产品市场有很多生产者和消费者，产品又没有差别，各种生产资源可以自由流动，市场信息也很通顺，所以它是个完全竞争的市场。根据厂商均衡理论，在完全竞争条件下，分散的农户为了各自的利益彼此展开激烈的竞争，你降价我也降价，最后导致价格和平均收益降到平均成本的最低点。也就是说农民辛苦一年也只能维持个温饱，遇到灾年还可能挨饿受冻。

有人说，即使如此，政府对农产品规定一个比较高的价格，也能提高农民的收入，无需农协参与。我们说对农产品规定支持价格是各国政府通用的办法，但政府为什么会这么做呢？如果没有农协代表农民利益，形成对农民有利的压力集团，政府不一会重视农民问题。分散的农民喜欢“搭便车”，你推我，我推你，都指望别人出头自己沾光，形不成对政府的压力。而且完全依赖政府的支持价格也有很多负作用，它会降低市场调节的功能，并在农产品出口时遇到别的国家的阻击，认为你搞贸易保护主义。

纵上所述，农协的地位和作用是十分重要的，是不可取代的。如果在别的行业协作也是十分必要的话，那么在农业领域的协作就具有更重要的意义。

中国农业的出路

中国农业合作化的尝试虽然失败了，但这不能说明合作化道路不好，日本农协能够成功，为什么我们就不能再试一试呢？

20 世纪 90 年代中期，一些从欧美留学回来的人士提出，中国农业应以欧美等西方发达国家为代表的公司化农业为榜样，走“公司 + 农户”模式，由公司进入农业，搞规模化经营。后来又有政协委员提出这样的提案，被有关部门接受，专门成立了农业产业化领导小组，一些农业产业化龙头企业抢先低成本上市，如蓝田、德隆，从股市上套了不少钱，却没有真正用于农业，其结果是灾难性的，不仅它们倒了下去，还导致 2. 4 亿农民的利益受到损害。事实告诉我们，欧美模式有它特殊的背景，这些国家农村可耕土地面积大，每个劳动力对应的土地规模是我国的 800 多倍。他们可以凭借这个优势保护自己的利益不被大公司损害。而我国则不同了，人多地少，分散的农户早已是弱势群体，其利益很难得到保护，照搬欧美模式自然不会成功。

我国应该学习日本经验，走农协式的合作化道路。日本农村和我国差不多，人多地少，长期以来都是以小农经济为主，政府对农民的影响力很强，也很深。所以我认为，借鉴日本农协经验，成立农业合作组织，是中国农民致富的最可靠途径。

实现日本模式的第一步也是最关键的一步就是在承包到户的基础上进一步分田到户，将土地所有权也交给农民，使所有权与使用权相统一，以适应农村市场经济发展的需要。有人说，能不能不搞分田到户，直接在家庭联产承包制的基础上搞农协呢？我们认为不行，这个弯绕不过去。农协是农村市场经济的产物，土地等生产资料如果不能成为商品，就会影响农村生产结构的优化组合和市场经济的形成，就会影响农协的基础。农协既使这样建立起来，由于农民和土地没有直接结合，土地的所有权和使用权不统一，也会很快走上合作社、人民公社的老路。

这里的关键问题就是农民和土地要直接结合，所有权与使用权要相统一。马克思主义告诉我们，生产者和生产资料直接结合才能提高生产力。封建社会农民和土地中间有个地主，这种生产关系阻碍了生产力的发展。资本主义早期，农民和土地中间不仅有个地主，还有个资本家。资本家租用地主的土地，雇农民耕种。农民受着地主和资本家的双重剥削。地主和资本家之间也有矛盾：由于土地产出慢，资本家希望租用期长一些；而地主总希望缩短租用期，以便在下一次签订租用合同时提高租金。这种生产关系也阻碍了生产力的发展。社会主义社会实行土地公有制，这在一定时期内改变了旧的生产关系，促进了生产力的发展。但因为公有的土地需要有一个公有的代表去管理，不可能人人都说了算，农民与土地的结合仍需通过这个代表才能实现。时间长了这个代表就难免失去其代表性，成为阻碍农民与土地直接结合的障碍。实行家庭联产承包责任制以后，直接性提高了，农民的生产积极性也提高了。但因为土地的所有权归国家，使用权归个人，这种不一致性也影响了土地和农民结合的直接性，时间长了便暴露出了它的局限性。只有连土地的所有权也交给农民个人，我们才能一劳永逸地解决农民和土地直接结合的问题，使农民的生产积极性长久地保持下去。

农民和土地的直接结合不仅具有必然性，而且具有可能性。土地是特殊的生产资料，其特殊性就表现在它和生产者直接结合的可能性上。别的生产资料，如机器厂房等，因为工业生产集约化的特点，都是通过管理者才和生产者结合的。只有土地，由于农业生产分散化的特点可以做到直接结合。当代日本欧美很多发达国家的事实证明，尽管资本家可以在许多领域占有大量生产资料，雇许多人替他管理和生产，但在农村，农民仍然是自己种自己的地，办自己的家庭农场，做自己的主人，谁也无法割断农民和土地直接结合这根纽带。资本主义早期的那种地主占有大量土地的情况早已成为历史，就连蒋介石败退台湾以后，也痛定思痛，在美国帮助下搞了土地改革，实现了耕者有其田的目标，跨入了现代社会的行列。农民和土地的直接结合已成为一股不可阻挡的世界历史潮流。

如果我们在观念上丢掉各种思想包袱，那么分田到户的实际操作上就容易多了，因为我们这些年搞的家庭联产承包责任制已经为分田到户奠定了基础。分田到户只是在包产到户的基础上作适当调整将土地的所有权也一并交给土地的使用者就是了。这里的原则就是耕者有其田，不耕者没有田，所有权同使用权相统一，农民和土地直接结合。土地可以自由买卖，但法律应禁止所有权同使用权相分离，以避免出现新的地主、资本家和雇农，也避免出现分了地不耕待价而沽的现象。

迈过分田到户这个坎，办农协便是水到渠成了。我们党有多年搞农村工作的经验，有一批懂技术有组织能力的农村干部，一定能使农协这个种子在中国农村广阔的大地上开出灿烂的花朵，结出丰硕的果实。

此兮彼兮产业群

——为什么日本的农业、建筑业里也有产业群?

日本的农业协同组合，按现在的说法，也可以称之为产业群——农业产业群。什么是产业群？产业群也叫产业集群、块状经济、专业化产业区，简单地说就是生产或经营同一类产品的中小企业通过网络型结构在一个地区的集聚。从本质上说，这种生产组织形式既不同于企业，也不同于市场，按照威廉森和理查德·尼尔森的说法，是一种“中间性体制”。

很多国家都有产业群，比较典型的如意大利的“第三意大利”、美国的硅谷、印度的班加罗尔等。改革开放以后，我国东南沿海一些地区也涌现出了很多产业群，如温州的打火机产业群、嵊州的领带产业群、织里的童装产业群、南浔的木地板产业群、安吉的竹器产业群等。我在日本访学期间考察了北海道的产业群，发现它有一些特点：一是有一些产业群不是企业通过竞争自发形成的，而是靠政府的行政力量推动的，如北海道的“一村一品运动”；二是产业群不限于制造业，除了农业以外，在建筑业、服务业也大量存在，甚至成了主流的生产组织形式。

北海道的“一村一品运动”

都说中国喜欢搞运动，其实日本也搞运动，不过这里说的运动既不是体育运动，也不是政治运动，而是经济运动。

1982 年，担任社会党议员的横路孝弘看到了大分县知事平松守彦撰写的“一村一品推荐书”，觉得不错，受到启发。所谓“一村一品”，就是说每个村不要什么都生产，而是充分发挥自己的优势搞出一两项特色产品，打向市场。这其实就是主张一个村形成一个产业群。1983 年横路孝弘竞选北海道知事，开展“一村一品运动”就是他的竞选口号之一，也是他竞选成功的一个因素。横路上任后便认真致力于在北海道开展“一村一品运动”。他成立了专题研究小组，举办各市町村的负责人、产业界代表和各阶层人士座谈会，制定了《北海道一村一品运动基本大纲》，使这项运动实实在在开展起来。

上川管区鹰栖町的西红柿味道鲜美，早有公论。在开展“一村一品运动”中，他们决定充分利用这个资源，将蕃茄汁生产作为一项产业来抓。在农协组织下，农民专门种植西红柿，町农协购置了蕃茄加工设备，办起了蕃茄汁加工厂，还成立了专门的销售队伍。当地有一位营养学家查到了西红柿有个学名叫“狼桃”，他们就别出心裁地将“狼桃”作为蕃茄商标。从此，这种蕃茄汁在北海道远近闻名，大受欢迎，鹰栖町也就成了蕃茄汁的专业化产业区。

上川管区还有个村叫占冠村，拥有大片山林，山林中盛产野山菜，如蕨菜、蜂斗菜、紫萁等。在开展“一村一品运动”中，他们决定靠山吃山，靠水吃水，将野菜加工作为一项产业来做。在农协组织下，农民进行了很好的分工，采摘、清煮和软包装保鲜形成一条龙，上市以后受到城里人的热烈欢迎。城里人吃过很多种植出的蔬菜，都想尝尝这种野生的蔬菜是什么味道。占冠村每年光是野山菜的销售收入就可达到 2 亿多日元。

十胜管区有个上士幌町，有几个年轻人喜欢玩热气球。在“一村一品运动”中以什么作为自己的特色产品呢？想来想去就有人想到了热气球运动。这可是一项旅游产品哪，不比蕃茄汁、野山菜差。于是以这几个年轻人为骨干，很多人都参与到这项运动中来。他们举办热气球大会，欢迎人们参加“太空散步”，后来又将热气球大会长久化，每年举行一次，使之成为热气球节，吸引了很多热气球运动爱好者，使上士幌成为旅游观光胜地。

北海道知事为了推动“一村一品运动”，不仅动员行政力量对这项运动进行指导和支持，而且还动员新闻媒体广泛进行宣传和报道。北海道每年都要举办“新产品展销会”，横路知事都要亲临大会表示祝贺。通过“一村一品运动”，使北海道农村的产业群得到了很大的发展。每个村都是一个产业群，村民们围绕着自己村的特色产品进行了细致的分工和紧密的合作，形成了网络式结构。这不仅提高了劳动效率，发展了农村经济，也使得村民们改变了“鸡犬之声相闻，老死不相往来”的局面，关系更加密切了，精神面貌发生了很大的变化。

札幌市建筑业产业群

札幌市是北海道的首府，是一个新兴的工业城市。据一本专门给新来的外国人看的小册子介绍，该市63.5%的企业雇员少于4人，31.7%的企业雇员是5~29人，3.9%的企业雇员达到30~99人，雇员超过100人的企业只占总数的0.9%。也就是说，札幌市95%的企业都是雇员少于30人的小企业。这些小企业为什么没有在激烈的市场竞争中被大企业吞并了呢?

带着这个问题我到三个企业去打工，一方面赚些钱，另一方面也进行一些考察。一个企业是“大楼管理”株式会式，社长叫清水阳子，该公司成员10人左右；一个企业是“住友钢建”株式会社，社长叫住友敬六，成员6人左右；还有一个企业是“丸善中央建设”株式会社，社长叫山本，成员有40~50人。半年多功夫，我终于搞清楚了其中的奥妙。

第一，这些企业正是因为小，所以只能从事单一的工作，这样就提高了专业化分工的水平和劳动的熟练程度，从而提高了劳动生产率。比如“住友钢建”，它只干钢筋活，不干别的。我在“住友钢建”工作时，建筑工地不固定，今天去的工地可能是块空地，只挖好了地沟，我们就按图纸来铺设和捆绑钢筋，完了就走人；明天去的工地可能是高耸的大楼，只有水泥框架，我们就和别的钢筋公司一起按图纸要求铺设和捆绑钢筋，完了就走人。钢筋公司走了自有模型公司接着干；模型公司走了自有水泥公司接着干。各干各的，流水作业，效率很高。哪天如果没工作了，我们就训练基本功，把钢筋横一条竖一条铺在地上，扎了拆，拆了再扎，看谁扎得快、扎得好。又比如“大楼管理”，它只干清扫工作，不干别的。我刚到“大楼管理”上班时，清水社长问我“会不会擦玻璃?”我说“会”。她指着一个窗户说“那你把它擦干净”。我花了10分钟擦完了，她说“你看我来擦”。结果她只用了3分钟就擦干净了另一个窗户。原来我擦玻璃是把抹布揉成一团，擦脏了就在桶里洗干净再擦，没几次桶里水就脏了，抹布也越来越脏，玻璃就不容易擦干净。她擦玻璃只洗两次抹布，第一次洗干净后将抹布叠成巴掌大一块，先用一面擦，擦脏了再用另一面，再脏了就把抹布翻过来，再用干净的一面擦，直到抹面的每一面都脏了，这时窗户的每块玻璃也擦干净了，她再把抹布洗干净。以后我就用这种办法擦玻璃，果然又快又好。

第二，这些企业正是因为小，专业性强，所以必须和别的企业合作才能完成整个产品，这样相关企业就通过合同结成了网络型结构，从而提高了整体的竞争能力。“大楼管理”、“住友钢建”和“丸善中央建设”都不是一个企业单打独斗，背后都有一个庞大的网络型组织做后盾，有福同享，有难同当。比如“住友钢建”，它干任何一项工程都是和其他企业合作的，如果一家钢筋公司承包下一项工程的钢筋活，自己干不完，就通过网络系统请别的钢筋公司来帮忙。干活的时候各协作公司之间也不分彼此，干完了请承包公司工头在协作单上签个字，证明某日某公司来了几个人干活就行了，月底结一次账。别的公司尽管是来帮忙，但都有主人翁精神，干活认真负责，有时承包单位工头资格不够老，别的公司的老资格工头就会主动出来当工地指挥。有一次我随“住友钢建”三个工人到一个工地干活，干完了活找工地指挥签字，他指指那个正在埋头干活的人说，他才是承包单位的代表。

第三，这些企业既是独立的法人，又有紧密的合作关系，所以能分能合，灵活机动，适应了市场经济发展的需要。因为小，所以它适应管理者的管理能力，因为一般人有效的管理幅度也就 4 ~5 人。小工程可以一个公司去，大工程就采取集团作战的办法，几十个上百个公司一齐上。我在“丸善中央建设”工作时参加了札幌市东急宾馆的建设，这是一个二十几层楼的大工程。每天早晨提前 15 分钟公司的车就把我们拉到工地，工地前空地上几百号戴不同头盔的工人已按体操队形散开，先做广播操，然后大家集中起来听各公司工头介绍自己的工作和请其他公司关照的地方。参加这个工程的每天都有二十几家不同的公司，他们的代表在台下排成一列等着上台讲话。最后大家举起拳头呼口号，完了就解散，各干各的活。每天都是如此，每次都是 15 分钟，可见每天都有不同的公司加入，也有不同公司退出。人们形容军队是“铁打的营盘流水的兵”，用在这里也挺合适。

笔者曾参加建设的札幌市东急宾馆

去日本之前，我曾在大学教政治经济学。教科书上说，资本主义生产资料私人占有性同社会化大生产的矛盾不可调和，必然导致资本主义的灭亡。可现实是，资本主义诞生了几百年了，不仅没灭亡，反而发展越来越快。有人解释说，这是因为资本主义的生产关系做了调整，比如跨国公司的崛起就使得这种生产关系能容纳不断发展的生产力。经过一段时间的考察，我认为不仅跨国公司有这种能力，小公司也有。小公司生产资料的私人占有性是很明显的，但它们组成了产业群以后，照样能够进行社会化的大生产。也就是说，“蚂蚁”照样可以搬“泰山”。产业群已经化解了生产资料私人占有性和社会化大生产的矛盾，推动了社会的发展。如果说在资本主义发展初期，生产资料私人占有性和社会化大生产之间确实有很大的矛盾的话，那么经过百多年的磨合，这两个齿轮已经很好地啮合在了一起，成为推动社会进步的强大动力。这中间，跨国公司、股份公司以及产业群等，都起到了整合资源、缓解冲突的作用。

日本的产业分包制

札幌市建筑业产业群来源于日本的产业分包制，就是大企业为了将精力集中于核心产品的生产上，将非核心产品的生产外包给中小企业，从而与这些中小企业之间形成了网络式结构，成为产业群。

日本分包制度是历史和社会相互促进形成的复杂进化结果，其形成基本上分成四个阶段。早在明治维新时期，日本的制造商就已经在某种程度上采用了分包制，但由于当时日本工业经济仍处于发展的早期，国际竞争力较弱，难以开拓国际市场，加上国内市场需求有限，因此分包制并未广泛运用。这是第一阶段。

第一次世界大战当中以及1931年日本入侵中国东北以后，日本经济开始围绕战争运转起来，军备需求的急剧上升刺激了日本经济的总需求，日本制造商不得不利用分包的方式来迅速扩张自己的生产能力，产业分包制才得以普遍应用并固定下来。战争需求急剧变动，使生产商无法在短期内依靠自身来满足军事订货，因此利用中小企业的力量就成为了一条捷径，大的生产商便将业务分包给中小企业来生产。随后，日本政府在保持分包制这类企业网络组织的稳定性方面发挥了重要的作用，成立了中小企业局（SMEA），一方面改变了大企业单方拖欠支付这一造成网络不稳定的不公平状况，另一方面促进了企业间的合作。这是第二阶段。

战后，日本产业分包制进入第三阶段。在这个阶段，总需求的扩张仍是其发展的主要动因，此时的市场需求是由20世纪50年代电气化热潮带来的，大企业为了不失去市场份额而实行了“全产品线战略”，产品线和产量的迅速扩张正是承袭了“二战”时期的经验，利用分包来完成的。这种方式较之兼并和收购其他企业的方式，不仅没有了后者的繁杂手续和一系列的企业融合的难题，而且更为迅速，更具可操作性。日本的许多知名企业也是在这个阶段利用分包制成长起来的，例如日立、三菱、丰田等。1949年和1953年，日本又组建了大众财务公司和中小企业财务公司，建立了向中小企业融资的金融制度，使得中小企业的独立性得到了保证，分包制得到了持续的发展。

现在，随着世界经济一体化的发展，日本产业分包制进入一个新阶段。此时动因主要在于日本企业实现了跨国性的业务分包，越来越多的国外厂商被纳入了日本的分包网络组织中。

日本企业之间以产业分包制为核心形成的产业集群，被人们称为“联盟资本主义”（alliance capitalism），其特征是：在广泛的市场范围内，企业之间形成长期性的战略合作，在资本市场上与银行及保险公司联盟；在初级产品市场，与综合贸易商社合作；在零配件生产上与分包厂商联盟；在发展新技术上与竞争对手联手。这种产业群最大的优势在于专业化分工合作带来的总成本的下降以及独特的规模经济。以产业分包制为核心的日本产业群，使得中小企业能够迅速地获取和吸收大企业的技术和管理创新的成果，大企业则可以集中资源用于具有战略意义的核心产品的生产过程中。

浙江的产业群

中国的浙江省在改革开放之前经济增长速度低于全国平均水平，经济综合实力处于全国中下游位置。改革开放以后，浙江省在既无资源优势又无政策优势的条件下，短短二十几年中一跃成为经济大省，其发展过程及经济活力令人瞩目。探究其中原因，产业群功不可没。浙江省是我国产业群最为发达的省份。2001 年全省有产业群 519 个，总产值 5993 亿元，占当年全省工业总产值的 49%。产业群广泛分布在工业中的 110 多个行业和经营性农业中的 30 多个农副产品方面，涉及的生产企业 13 万家，就业人数约 600 万。在全省 11 个地级市中，产值超过 40 亿的产业群有 3 个，20 亿～40 亿的产业群有 15 个，10 亿～20 亿的产业群有 49 个。① 其中海宁的皮革业、嵊州的领带业、绍兴的纺织业、诸暨和义乌的袜业、温岭的泵业、苍南的印刷业等，都业绩显著，在全国同类产业或产品中已经具有明显的特色优势。调查显示，至 2000 年底，浙江省市场占有率居全国第一且年销售收入在 5000 万元以上的工业产品有 232 个，2000 年这些产品实现销售收入达 1660 亿元，其中全国市场占有率达 40% 以上的产品就有 160 个。②

浙江省的产业群可以分为如下四种类型：

1. 基于产品生产的产业群。在这种类型中，产业特色十分明显，产品是

---

① 转引自《联谊报》，2001 年 6 月 21 日。
② 《浙江市场导报》，2001 年 7 月 24 日。

其主要的集聚纽带，企业之间的关系以平等市场交易为主，各企业之间根据其技术特色或生产能力，形成了水平或多层次的分工协作体系，整个区域就成为某种产品的生产基地。如温州的打火机产业群，有打火机生产企业500多家，没有一家企业是自己生产全部零部件进行整机装配的，大都只生产一两个零部件。简单的打火机由跳板、电子夹、电子汽箱和外壳等零部件组成，复杂的打火机还包括销钉、铖钩、弹簧、宝塔、密封圈、电热丝等零部件，这些零部件都是由不同的企业生产出来的，经市场交换后又由专门的企业组装成一个个打火机。这些零部件生产企业和装配厂之间密切合作就形成了产业群。它们生产的打火机由于价格便宜，占据了国内90%和世界70%的市场份额。又如苍南县金乡镇徽章产业群，专门生产徽章。徽章和打火机不一样，打火机虽然小，但零部件不少，可谓“麻雀虽小，五脏俱全”；徽章虽然小，但生产工序不少。徽章的生产工序有设计、熔化金属、写字、刻模、晒板、打锤、钻孔、镀黄、点漆、制针、打号码、装配、包装等十几道，每道工序的加工都由独立的企业进行，半成品通过合同或市场直接交换获得。这些半成品和成品生产企业就形成了产业群，全乡镇由此成为全国最大的徽章生产基地。

2. 基于销售网络的产业群。浙江省大多数的产业群都是同专业市场相匹配的，如义乌的小商品市场、绍兴的轻纺市场等。专业市场与当地相关工业之间联系紧密、互相促进、共同发展，构成了具有区域特色的产业群。在这种产业群中，专业市场为没有规模经济要求的中小企业提供了一个庞大的、可供共享的销售网络，使它们可以获取营销和信息方面的外部规模经济，并降低了交易的不确定性风险成本，带动了当地相关特色产业的发展。而对那些中小企业来说，专业市场不仅弥补了它们功能上的不足或缺陷，而且使它们能够及时提供各种信息，促使企业在生产和产品升级换代能力等方面获得互动学习和创新积累，从而为区域经济发展提供了产业孵化基地。

3. 基于品牌的产业群。品牌是一种专用性很强、具有超值获得能力的无形资产，而且品牌经营具有很高的规模经济要求。对于规模小、实力弱的小企业来说，可以通过联合销售机构、外包生产等形式来形成产业群，以追求品牌的批发经销上的规模经济。当然，联合销售和外包生产等都对各企业有统一的质量要求，产品使用统一商标，并对各成员企业收费，享有品牌的收益和管理权。这种类型在浙江省的区域特色农业中比较多，如庆之香菇、安吉竹产品等。在特色工业中这种类型也存在，如嵊州的领带业、诸暨大唐的袜业，其部分产品也通过共同使用品牌和联合销售机构销往各地。这种生产销售组织形式，从总体上增强了小企业开拓市场的能力，降低了产业内部的交易成本，从而使整体竞争力得到增强。

4. 基于资源的产业群。这主要是指那些以中间产品为主的产业群，为了企业自身生产经营的稳定发展，个别核心企业为小企业提供其生产经营所需的资源，如原材料，而一些小企业则以投资股份或以其他契约的方式与核心企业建立联系。这样，以资源或原材料为依托，企业之间互相协作，形成了产业集群。这种类型多见于化学、冶金等工业与商业、服务业。浦江的水晶玻璃工业品业就是如此。该县产品远销美国、日本等地，香港回归庆典所用的水晶工艺品也产自该地。但浦江县及周边地区并没有水晶玻璃的原材料供应资源，品质最优的原料需要从捷克或奥地利进口，中低档的玻璃毛坯也只能从河北、天津等地采购。当地政府为了充分引入市场定价机制，防止少数原料和产品包销商的价格垄断，兴办了近 2 万平方米的水晶工艺品、灯饰市场，使小企业的进入和退出成本大大降低，形成了一个产品质量可靠、彼此信任、能按时交货的供求网。

中日产业群比较

从上面介绍的日本和中国产业群的情况来看，中日产业群有如下不同之处：

第一，日本的产业群分布比较广，除了制造业以外，农业、建筑业、服务业都有。中国的产业群分布面比较窄，主要是在制造业，农业、建筑业和服务业比较少。这表明日本各行业专业化分工程度比较高，中国很多行业专业化分工程度比较低，因为只有在专业化分工程度比较高的条件下才有可能形成产业群。专业化分工程度高，生产效率就高，这也是无庸置疑的。

第二，日本的产业群是建立在产业分包制的基础上的，它的特点是大企业与众多的分包企业之间形成了一个金字塔结构，类似于传统企业的层级制安排，从而使得生产链各个环节紧密联系，环环相扣。大企业在分包过程中不仅动员了中小企业的资源和创造力，实现了技术、管理知识的扩散，从而从根本上提升了中小企业的生产和技术能力；而且大企业与中小企业的专业化分工合作也有利于各方在各自领域的创新。这种产业群最适合于汽车、机械等大型制造行业以及建筑业。但是，以产业分包制为基础的产业群也有其局限性，主要是在这种产业群中中小企业的利益有时难以得到保证，大企业凭借其主导地位，往往会采取单方面压价或拖欠货款、工资等手段，使中小企业利益受到损害。

中国的产业群更多的是依靠家族和其他社会关系而建立起来的，没有大企业，只有中小企业，它们之间的地位是平等的，因而市场竞争机制更多地起了作用，中小企业进入和退出机制完善，这些都是其发展的必要条件。鉴于中小企业在资金、技术能力上的限制，中国的产业集群主要集中在服装、鞋帽、电子、皮革等轻工行业中，生产的主要是小商品，在汽车、机械等大型制造业以及建筑业则不多见。由于没有大企业做依托，中小企业缺乏科研资金，所以中国的产业集群创新能力不够，品牌意识也不强，缺乏持久的竞争能力。

第二，日本的产业群有制度的保证，不仅政府中有中小企业局（SMEA）专门管理产业集群事务，法律中有保护中小企业和产业集群的条款，而且在资金方面还组建了大众财务公司和中小企业财务公司，帮助处理产业集群中中小企业的财务，银行也对产业集群中的中小企业融资业务大开方便之门。这些都是日本产业群得以稳步发展的可靠保证。我国有些省份对产业群是很重视的，制定了一些优惠政策以及促进其发展的战略方针，但总的来说还是缺乏制度保证和政策引导。政府中没有专门的机构管理产业群事务，法律中保护中小企业的条款比较少，银行对产业群中的中小企业贷款不放心，也没有相应的中小企业财务公司。

第三，组成日本产业群的中小企业大多是股份制公司，企业之间普遍存在相互持股的现象。这一方面有利于整个产业集群的稳定，但另一方面也会使其灵活性和适应性大打折扣。组成中国产业集群的中小企业大多是家族式企业，促使它们合作的主要因素是地域上的相近和邻里之间长时间形成的信任关系。这一方面使它们有一定的灵活性和适应性，但也阻碍了它们的管理水平向更高的层次提高。

产业群与现代企业制度

产业群在日本、中国乃至世界上很多国家的发展事实说明，它有很多优越性，现在不仅是一些国家和地方主导性的生产组织形式，在不远的将来很可能在我国乃至整个世界都占据主导地位。我国在国企改革过程中只把目标定在建立现代企业制度上，而忘记了产业群也是一个可选项。对于有些国有企业来说，产业群这种生产组织形式可能更适合一些。为了说明这个问题，我们不妨将产业群和垂直一体化的现代企业进行一个比较。

第一，现代企业的所有权与经营权是分离的，所有者是股东及其代表董事会，经营者是总经理或首席执行官。由于两权分离，为了调动经营者的积极性，使他们不偷懒，所有者不得不将部分股权转让或赠予经营者，这就大大增加了代理成本，还可能造成国有资产流失、职工权益得不到保障和两极分化等问题。

产业群则不同。在我国，组成产业群的大都是民营小企业，它们的所有权与经营权是统一的，这样的好处一是利益直接，激励作用强；二是节省了代理成本。国企改制如果不是建立股份制企业，而是建立产业群，可以避免国有资产流失等问题。这样做也有可行性：小型国企可直接出售，大型国企按分工精细化原则先分成小企业后再出售。由于企业小，资产和人员都少，经营者有能力购买和经营，同时也能给更多的人以机会，使他们成为老板，拥有自主发展的空间。最后通过市场竞争建立网络式结构，引导分散的力量整合起来形成产业群。家族式企业的改革也可以照此办理。如果把家族企业建成现代企业，就要让一些家庭成员退出经营，这会引起他们的强烈不满，同时也存在由于所有权与经营权分离所产生的代理成本问题。如果是建立产业群，需要将企业细分，原来参与经营的家族成员不用退出经营，他们可以根据自己专长和资本大小独立经营一个小企业。由于经营专业化了，管理幅度也窄了，与他们的经营能力也适应了。即使还有适应不了把企业搞垮的，那也是他自己的事，怨不得别人，总比他掺合进来把一个大企业搞垮要强些。

第二，现代企业具有垂直一体化的等级结构，尽管这种结构随着市场的变化和规模的扩大经历了直线制、职能制、直线职能制、事业部制等多种变化，也尽管这种结构为了适应信息时代的要求由高耸型逐渐向扁平型发展，但仍然无法消除决策层和市场的距离，无法避免信息在垂直传递过程中的损失，从而存在高昂的管理成本和比较大的经营风险。发展经济学的著名代表舒尔赫认为，这样的企业容易犯“大企业病”，在复杂多变的市场竞争中，就会像面对迅速恶化的生态环境难以适应而被淘汰的“恐龙”一样。1997 年东南亚金融危机过后，人们意外地发现，在风暴中轰然倒下的竟多是这样的企业，就连位居韩国第二的“大宇”也未能幸免。

产业群则不同，它具有最扁平化的组织结构，每个企业零距离贴近市场，因此能充分感受到顾客的需求和市场的变化，也能够灵活地对市场变化做出反应，不存在信息垂直传递的损失，从而降低了管理成本，分散了经营风险。组成产业群的企业一般比较小，小有小的好处，一方面“船小好调头”，能很好地适应市场变化，避开市场风险；另一方面因为固定资产投资少，进入和退出门槛低，每天即使有千万个“老板”倒下去，又会有千万个“老板”站起来，维持可持续发展。当然，产业群中企业与企业之间存在交易成本，但网络结构的契约不同于企业契约，犹如情人契约不同于婚姻契约一样。婚姻契约规定双方共享权利，但同时要共担责任与义务。而情人合则两利，分也无妨。因为处在同一环节或生产同一零部件的企业很多，它们之间存在竞争，即使和这家企业谈崩了，还有很多其他企业可供选择，这样交易成本就降低了。企业之间的竞争保证了最低质量标准，从而可以实现零部件的标准化，规避了质量风险。而在产业群内部，则实现了资源共享，每个企业为了各自的利益，都会及时将市场、技术及竞争信息向其他企业传递，从而实现了共同发展。

第三，现代企业生产的一般是完整的产品，其价值只有在产品被卖出去以后才能得到实现。这样就产生了两个问题：一个是企业经营者必须考虑产品从设计到生产乃至销售的全过程，精力被分散了；一个是各个环节、各个零部件的价值无法得到及时体现，这势必削弱各部门、各环节生产的积极性，劳动效率由此也降低了。而产业群则不同，因为每个生产环节、每个零部件都是商品，都能及时实现其价值，这就成为企业看得见的利益和直接追求的目标，从而生产积极性得到提高。在这种情况下，企业只须把精力集中于自己最擅长的工作，而不用考虑其他的事情，从而实现了精细的专业化分工，劳动生产率由此可以大大提高。

产业群的这个特点被演化为“模块化”的方法。哈佛大学商学院教授吉姆·克拉克和鲍德温在《模块时代》一书中指出：“模块”一词并不是具体指什么东西，而是指在信息技术革命背景下产业的发展过程中逐步呈现出来的用于解决复杂系统问题的新方法，这种方法可以通过每个既能独立设计又能发挥整体作用的更小的子系统来构筑复杂的产品或业务。复旦大学教授张军曾举例说明了模块化的作用：早在 IBM 推出 360 计算机系统之前，IBM 与其他主机生产商的机型是不能通用的，这给顾客带来较大的麻烦。于是 IBM 的设计者将设计规则分为两类：一类严格规定模块之间如何联系（即确定界面），一类允许和鼓励设计人员在模块内自由发挥。结果不仅解决了兼容问题，模块性能也大大提高了。① 模块化的方法在国际上被普遍运用，用以解决信息时代注意力难以集中的问题。于是很多大企业只留下核心业务专心经营，而将其他业务外包出去。这样，现代企业垂直一体化的组织结构就会逐渐解体，新型的网络型组织和产业群由此就诞生了。有人把未来的时代称为“模块时代”，而和这个时代最匹配的组织形式就是产业群。

产业群的缺点和对策

我们在产业群和现代企业制度的比较中不难发现产业群具有很多优点，但产业群的缺点也是不容忽视的，具体表现在以下几个方面：

第一，在产业群里只要有一个企业生产出一种新产品，或采用了一套新工艺、新设备，周围便会出现大量的模仿者，辛苦创新得不到创新利润，创

① 青木昌彦、安藤日青彦《模块时代》，上海远东出版社，2003 年 1 月版，中文导读。

新者便会逐渐消亡。最后产业群的竞争便会转化为价格的竞争，进而转化为成本的竞争。成本竞争迫使企业只雇佣廉价的劳动力，而且不敢花钱对他们进行培训。便宜的不熟练的劳动力就有可能只能生产千篇一律或劣质的产品。

第二，在一般情况下，当企业过多导致利润很低时，便会有一批企业从这个行业退出，使行业的平均利润上升。但在产业群里，由于这些小企业处于高度的专业化分工状态，其固定资产的专用性很强，很难将它们转做他用，也很难将它们转卖。也就是说，产业群的供给缺少弹性。所以，即使利润很低甚至没有利润，业主也只能勉强维持，而不愿退出这个行业。这就使得整个行业的平均利润无法上升。

第三，由于价格竞争的压力和退出机制的缺失，就有可能导致企业为了降低成本出现偷工减料或用低质原材料代替等现象，导致产品质量下降。由于企业之间是分工合作、一环扣一环的，一个零部件或一个环节的质量问题就会引发整个产品质量的下降，而当整个产品质量下降、销售受影响时，企业之间的正常信任关系便会受到影响。产品质量下降、正常信任关系受影响，这两者相互影响，就可能形成恶性循环，以至葬送产业群的发展前途。

为了避免这种情况的发生，可采取以下对策：（1）加强政府监管，建立相应的法律法规，保护知识产权，保证工人的最低工资标准和各种待遇。（2）建立产业行会，制订相应的行规，实施品牌战略，建立统一的质检机构，保证每个零部件、每道工序都合乎质量要求。（3）完善银行机制，使得有信誉的中小企业因为有资金支持而加快固定资产的更新换代速度，不断发展；也使得新旧设备的生产率差距拉大，迫使落后企业很快退出这个行业。

成兮败兮改革路

——近代日本经济为什么发展很快?

当一个社会的发展遇到障碍以后，有两条途径可以摆脱困境，一条是革命之路，一条是改革之路。1972 年法国著名数学家 R. 托姆的专著《结构稳定性和形态形成学》问世，书中用 7 种数学模型来描述自然界形形色色的突变过程，其中尖点模型对我们理解革命和改革的区别很有帮助。比如水由液态变为气态，一个办法是把它加热到 100℃使之沸腾，它要经过不稳定状态；另一个办法是控制温度、压力等参数绕过 100℃这个临界点，水就可以避开不稳定状态而从液态连续地变为气态。前一个办法叫突变，就是革命；后一个办法叫做渐变，也叫改革。日本从封建社会到资本主义社会走的是改革之路，虽然也有小规模的战争，但总的来说社会是稳定的，有利于经济发展。中国从封建社会到社会主义，走的是革命之路，伴随着社会的激烈动荡和经济的巨大破坏。当然有的时候革命也是不可避免的，但如果可能的话最好还是走改革之路，可以避免社会动荡。好在我们三十年前已经走上了改革之路，现在社会的稳定和经济的发展令世人瞩目。

洋务运动和维新运动

19 世纪中期以前，世界资本主义已处在上升阶段，而中国和日本都是闭关自守、封建落后的国家。到了 19 世纪 60 年代至 90 年代，中国开展洋务运动，日本完成维新运动，它们都主张向西方资本主义国家学习，也都采取实际步骤兴办了一些近代工业。但是结果，甲午战争的隆隆炮声宣告了中国洋务运动的失败和日本维新运动的胜利。此后，日本一路领先，以惊人的速度在现代化道路上迅跑，而中国却一蹶不振，至今和现代化距离甚远。反差之大，原因何在？让我们回到起跑线上，仅就洋务运动和维新运动的不同之处做一个比较。

从资本方面看，洋务运动以前的中国已经是个统一的封建专制国家。在地主阶级残酷剥削下，农民极端贫困，无力从市场上购买手工业品。封建地租很重，致使地主和商人有了钱以后往往用来买田置地，从而影响了手工业的扩大再生产。所以，中国资本主义萌芽发展很缓慢。从贸易方面看，清朝政府实行闭关政策，几次下令禁止海外贸易，同时还在国内设置许多关卡，对商品征收重税，并严格控制手工业生产的规模。鸦片战争以后，英、法等国侵略者不仅强迫清政府割地赔款，大大加重了劳动人民的负担，同时还将他们的商品大量倾销到中国市场，严重冲击了中国本来就十分落后的民族手工业的发展。以英国输入中国的棉纱棉布为例，1842 年后的 3 年里增加了 1 倍半，东南几省的手工棉织业因此受到了很大影响。从人才方面看，中国的科举制度把社会精英都吸引到与社会生产作用不大的科举考试上来，工业、农业、商业等方面缺乏人才，得不到发展。中国就这样从封建社会一步一步变成一个半封建半殖民地社会。

而日本则不同。明治维新以前，日本名义上是一个统一的国家，但实际上众多的大名（诸侯）在他们的领地拥有军事、行政、税收等大权，具有很大的独立性。这种封建割据的状况使得日本的资本主义生产关系有机可乘，取得了一定发展。商品经济已经渗入农村，封建领主土地所有制受到了破坏。一些商人和高利贷者开始用所占的土地剥削农民，成为新兴的地主阶级。工场手工业也得到了较大发展，其中的丝织业和棉织业发展的比较快：相生的丝织业手工工场达到 260 多家；足利的棉纺织手工工场，通常每家拥有 30 多架织机，多的甚至达到 100 多架。在其他工业部门也陆续出现了手工工场。商业资本的发展尤为迅速，江户、大阪、京都等城市成为商业中心，被称为“三都”，出现了一些拥有雄厚经济实力的高利贷商人，其中最为著名的有三井、住友、鸿池等。商品经济的发展还引起了日本社会的深刻变化，很多大名特别是西南部的萨摩、土佐、长州诸藩的大名，逐渐改变轻视工商业的态度，也经营起商业和手工业工场。不过，和中国一样，19 世纪中叶日本也遭到美、英、法等国的侵略，被迫签订了不平等条约。外国的廉价商品像潮水一样涌向日本市场，使日本的手工业和商业也受到破坏。

洋务运动时期的清朝政府是一个代表封建地主阶级利益的腐朽衰落的政权。清朝初年，政治还比较开明。为了巩固政权，统治阶级逐步调整统治政策，迎和了人民的需要。如采取奖励垦荒措施，结束工匠的服役制度，平定准噶尔贵族和大小和卓发动的叛乱，加强了对西藏的管辖等，建立了一个巩固统一的多民族国家。但是经过了二百多年，到了清朝统治的后期，尤其是 1861 年慈禧太后窃取了大权以后，政治逐渐腐败。政府公开卖官爵，官场贪污成风，社会上流传着“三年清知府，十万雪花银”的说法。社会财富越来越集中到贵族、官僚和地主手中，国内阶级矛盾日趋尖锐。慈禧太后一心抓权，不顾人民死活。为了镇压太平天国运动，不惜同英、法等帝国主义国家相勾结。洋务运动兴起之后，对于这个主张利用西方先进技术以维护清朝统治的运动不仅不支持，反而对其中一些措施加以阻挠。为了满足自己穷奢极欲的生活，甚至挪用洋务派用以筹建海军的银两来修建颐和园。

而明治政府却是一个新兴的政府。19 世纪中叶以前，天皇只是名义上的最高统治者，实际权力掌握在世袭的将军手中。将军的政厅叫幕府，是全国最高行政机关。将军是最大的封建主，霸占了全国四分之一的土地。以将军为代表的封建阶级残酷压迫和剥削农民，使农民生活十分困苦，纷纷起来斗争。而且由于资本主义关系的发展，商人、资本家、新兴地主逐步成为一股政治力量，他们也要求摆脱封建束博，并取得政治上的统治地位。由于将军财政状况恶化，经常克扣下属俸禄，中、下级武士日益破产和没落，他们也由封建社会支柱变为一支反幕府的力量。于是，这几股力量汇合起来，促进了幕府统治危机的总爆发。统治日本达 260 多年的德川幕府被推翻了，明治天皇建立了新政府。明治政府一开始就采取了一系列资产阶级性质的改革措施，来巩固以天皇为首的新政权，发展资本主义，摆脱外来压迫，建立独立自主的近代化国家。明治维新运动正是在明治政府的直接领导下展开的。

洋务运动的主体条件比较弱。由于当时中国资本主义萌芽发展很缓慢，还没有形成资产阶级，领导洋务运动的是封建统治阶级中的洋务派。在中央，洋务派的代表是奕䜣，他是主管外交、通商等事物的总理衙门事务大臣，对推动洋务运动起了一定的作用。但他毕竟只是代表封建地主阶级利益，又仰承慈禧太后旨意办事，不可能将洋务运动变为改革运动。洋务派在地方以曾国藩、李鸿章、左宗棠为代表。曾国藩虽为洋务运动首创者，但其胆略见识亦未超出封建主义传统思想的牢笼，只会考据、义理、词意等无用之学，对西方科学茫然无知。李鸿章为洋务运动的主持者，但只听命于朝廷而不掌握决策权，仅以直隶总督兼北洋大臣的职位进行一些低层次改革，但很少抓住现代化工业化的精髓。左宗棠在平定阿古柏战争、收复新疆过程中立下赫赫战功，为洋务运动也作出巨大贡献，但在“海防”与“陆防”等问题上与李鸿章矛盾重重。总之，由于历史的局限和阶级的局限，洋务派缺乏世界眼光，本身也不是一个团结坚强的领导集团，其素质很难胜任现代化大业。

与此相反，明治维新运动的主体条件比较强。虽然明治天皇年幼，但辅佐他的人具有世界眼光，他们以天下为己任，共赴国难，形成了一个坚强的领导集团。明治四年，岩仓使节团赴欧美考察两年，学习西方国家的先进经验。现代化政策制定者木户孝允在考察途中就筹划日本工业化的财政问题，回国后力排陆军大将西乡隆盛的征韩论，坚持工业化的政策主张。大久保利通为现代化政策执行者，他创建内务省，自任内务卿，不问资历出身，大力提拔年轻一代的行政长官与技术专家，两年之内就普及了学校制度与邮政制度。明治政府还重用了留学英国回来的伊藤博文，让他担任了第一任内阁大臣，继续贯彻现代化政策。大久保被暗杀后，他亲自推荐继任人选，按大久保生前的规划进行工作。有的书上说，木户孝允、大久保利通等人出身武士，同封建势力有千丝万缕的联系，致使改革很不彻底，保留了很多封建残余势力。事实证明，正是这种“保留了很多封建残余势力”的具有日本特色的资本主义才避开了很多封建障碍，引导日本迅速实现现代化，在很多领域赶上了它的欧美老师。

洋务运动的指导思想比较片面，它集中体现在张之洞提出的“中学为体、西学为用”的口号上。诚然，中体西用的思想是鸦片战争后中国思想界的一大进步，它比闭关自守墨守成规的观念要强多了。但是，体和用之间的联系却割裂了。后来严复就曾指出这一口号的片面性，指出它忽视文化整体性的谬误。在这种片面思想指导下，洋务派只看到西方在军事技术上的优势，因而片面发展军事工业，却忽视了综合国力的提高，充其量只是学习洋人军务的运动，而不是改革旧有弊端的运动。1861 年，曾国藩创立安庆军械所。1862 年，李鸿章在上海建立制炮局，几年后又成立江南制造总局。接着，左宗棠也成立福州船政局。后来，虽然洋务派也办了一些民用工业，如交通运输业、采矿业、冶炼业、纺织业等，但这些只是作为军事工业的辅助。这些军事工业的发展固然对外国势力的扩张起了一定的阻碍作用，但由于没有对中国政治、经济和社会的种种弊端进行全面改革，所以在中日甲午战争中还是吃了败仗。

1868 年明治天皇第一次入城营造的皇居

明治维新运动的指导者从一开始就以战略远见看到了西方文化的整体，认为军事技术与政治制度、经济基础、科学教育是不可分割的，首先确立了全方位学习西方文化的战略目标。其指导思想由“尊王攘夷”、“和魂英才”一变而为“脱亚入欧”，最后归结为“文明开化”。明治政府一成立，在政治上就清除国内的封建割据势力，取消藩主的特权，又于 1871 年废藩置县，使日本成为一个政治上统一的中央集权国家。在经济上，明治政府为了迅速发展工商业，废除了国内的重重关卡和行会制度，修建铁路，兴办邮局、电报、电话，统一币制，开办工厂，扶持私人企业，设置通商司，奖励贸易，大量引进西方先进技术，并实行义务教育。明治政府还废除了买卖土地的禁令，确定了土地私有权，使新兴地主对土地的所有权在法律上得到确认。这一系列政治、经济和科学教育的全面改革，使日本走上了发展资本主义的道路。

由于洋务运动时中国资本主义萌芽发展很缓慢，清朝政府又是代表封建地主阶级的腐朽没落的政权，洋务运动的领袖人物缺乏世界眼光和领导现代化大业的能力，其指导思想又比较片面等原因，洋务运动在政治上失败了。中日甲午战争的结局，宣告了日本明治维新运动的胜利。在洋务运动失败的几个原因中间，哪个是主要原因呢？我们从甲午战争以后戊戌变法同样失败的经验教训中不难找到答案。

甲午战争以后，清政府允许民间办厂，中国资本主义有了初步发展，资产阶级作为新的政治力量开始登上历史舞台。当时中国面临被帝国主义列强瓜分的危机，要求改变现状、实行维新变法的人越来越多。康有为、梁启超、谭嗣同等是维新派的主要代表。他们虽受过严格的封建教育，但后来都接受了一些西方资本主义思想。他们组织学会，印行书刊，出版报纸，集会讲演，上书朝廷，介绍“西学”，要求民权，宣传变法。维新派的主张得到光绪皇帝的支持。1898 年 6 月 11 日，光绪帝颁布诏书，实行变法，让维新派的领袖参与变法。从 6 月 11 日到 9 月 21 日，光绪帝先后颁布了一系列变法法令，内容从经济到政治、文化各方面。但是，这些改革触犯了以慈禧太后为首的顽固派的利益，遭到了他们的极力反对，各省官员只有湖南巡抚陈宝箴支持变法，变法法令的贯彻执行受到阻挠和破坏。9 月 21 日慈禧太后发动政变，囚禁了光绪帝，搜捕维新派，废除变法令。戊戌变法失败了。从戊戌变法的整个过程中我们不难发现，与洋务运动相比，洋务运动失败的四个原因中，戊戌变法有三个并不具备或者说并不完全具备，但有一个戊戌变法具备了，它是戊戌变法失败的主要原因，也是洋务运动失败的主要原因。这就是，洋务运动和戊戌变法时的政府都是代表封建地主阶级利益的腐朽没落的清政府。这个政府不推翻，任何学习西方的运动，或者是改革旧制度的运动都不可能成功。哪怕这个运动是完全为了维护这个政权的，哪怕这个运动是得到皇帝的支持的，也会遭到这个政权本身强大的顽固势力的反对和扼杀。

官产转让与国企改制

通常来说，产权制度的改革是最深刻的改革，因为它如果不成功，便常常会引发革命。不过一般来说，由私有产权变为公有产权或共有产权才需要革命，而由公有产权或共有产权变为私有产权只需要改革就可以了。

公有产权或共有产权为什么要变为私有产权？这是因为私有产权具有完全的排他性，它使权利和责任都向产权拥有者集中，能克服“搭便车”和“公地悲剧”现象发生，提高资产的使用效率。所以无论是中国还是日本，都经历过或正在经历着这样的改革，都使得经济得到了或正在得到很大的发展。

日本明治初年在没收的原幕府诸藩产业的基础上，利用西方设备与技术，开办了造船厂、兵工厂、矿山和其他工厂，到 1880 年共计拥有官产 50 多家企业。后来这些企业多数为赤字所困扰，政府不得不将它们转让给民间经营，不仅抛掉了包袱，还使得民间企业实现了由商业资本向产业资本的转换。

日本官产转让分为三个阶段：

第一阶段，从 1880 年 11 月 5 日《官产转让概则》制定开始。因为《概则》将政府资金的回收作为第一目标，所以转让的条件比较苛刻，价钱定的很高，没几个人愿意要。北海道开拓使黑田清隆将几个官产企业以不到 1/3 的价格转让给了他的一个老部下，而且无利息，本金 30 年还清，遭到了社会舆论的谴责，被中央政府命令收回。

第二阶段，从 1884 年 7 月 5 日政府发布矿山转让的布告开始。这期间由于民间企业追求利润而国有企业追求劝业效果（即产值），致使官产赤字更加严重，政府的财政负担越背越重，政府在万般无奈的情况下废除了《概则》，放宽了转让条件。所谓放宽转让条件，就是对亏损企业可以低价转让，分期付款，不过加强了对转让人的资质审查，他们必须是“事业的可能继续者”。这项措施出台以后，官产的转让工作才真正开始，并取得了好的效果。例如工部省投资最多的釜石制铁所因熔铁技术不过关而亏损严重，政府准备将它转让的消息传出后，一个名叫田中长兵卫的五金商人和他的儿子女婿买来了制铁所残存的燃料及矿石，就地建起炼铁炉做实验，几经周折获得了成功，于是他们向政府申请收购釜石制铁所。政府经考察认为田中既有商人头脑，又试制成功了熔铁新技术，有能力经营釜石制铁所，就将釜石制铁所以很便宜的价格卖给了他。釜石制铁所成了田中制铁所后，很快便扭亏为盈，生产的铁的市场占有率达到76%。

北海道的官产转让工作曾因“开拓使官有物转让事件”而一度停止。1886年北海道厅成立，这项工作才又继续开展。幌内煤矿和铁道的原建设机械设备费为229万日元，转让价格才35万日元。其他工厂财产总价值71万日元，转让价格才10万日元。为使这些工厂能继续生产，除了可以分期付款外，政府还将投资利息返还给投资者作为补助金。光这项措施道厅从1888年到1899年就补助投资者170万日元。在政府扶持下大多数企业都能扭亏为盈获得新生，但也有一些企业继续亏损直至破产。

第三阶段，从1888年4月21日《三池矿山转让规则》制定开始。这个阶段转让的企业不是亏损企业，而是盈利企业；不是低价转让，而是高价拍卖。例如根据大藏大臣的告示，三池矿山的最低价格为400万日元，结果经过竞拍三井公司以455.5万日元的高价买走。这说明日本政府转让官产的目的已经不再是卸掉经济包袱，而是为了扶持垄断企业育成新的产业体系。官产中，除了兵工厂和铁路交通外，最后都转让给了大资本家、大企业，如三菱公司得到了造船厂、煤矿、金矿和银矿，三井公司得到了煤矿、纺织厂和缫丝厂等。于是在政府扶持下，大企业乃至垄断企业就这样诞生了。

札幌啤酒厂、雪印奶制品厂就是当年由北海道开拓使建成，后来又转让给民间经营的，我到这两个企业参观过。这两个企业对参观者的接待十分热情周到，除了有专人带你去陈列室参观，给你讲解企业发展历史以外，还免费提供啤酒和奶制品让你品尝。札幌啤酒和雪印奶制品早已作为北海道重要的土特产品而享誉国内外。

1996年我写这部书稿时曾建议我国政府对经营不善的国有企业也采用转让给民间经营的办法，并根据日本的做法总结出两点应该注意的地方：

第一，要确立正确的转让目标。中国的国有企业转让，不应该是为了政府投资的回收，因为那是不现实的。不应该是为了丢掉包袱，因为那样会造成大量工人失业，引发社会问题；也不应该是为了安置工人，因为“皮之不存，毛将焉附”。中国的国有企业转让的目标，只能是扶持民营企业。因为民营企业是国民经济的重要支柱和活力所在，只有扶持起民间企业，才能理顺经济关系，吸收大量失业人口，并为经济的腾飞培养一支生力军。

第二，扶持民营企业的办法有很多种，如低价转让、分期付款、利息返还甚至无偿赠送等。采用这些办法国家没有吃亏，否则政府还要往这个无底洞里投入更多的资金。亏损企业不能一卖了之，它要想发展还得靠好的政策。它要进行固定资产更新，这光靠老板个人力量也是难以实现的，所以还需要银行的扶持。只有民营经济发展了，政府才能得到税收，银行才能得到利润。

现在我国政府早已采用“抓大放小”的政策，基本完成了国有中小企业的改制工作。对照我当年的建议，有的让我说准了，有的没有估计到。没估计到的就是我国国有企业改制与当年日本官产转让的历史背景不同了，股份公司已成为现代企业通行的制度安排，所以我国大多数国有中小企业不是简单一卖了之，而是采用股份公司的形式，国家、职工和经营者都持有相应的股份。

股份制的一个最大的特点就是所有权与经营权分离。为了激励经营者的工作热情，我国政府在国企改制中不得不将部分股权转让或赠予经营者。如浙江省湖州市第三毛纺厂转制为湖州市喜盈盈纺织股份有限公司以后，原厂长宋世楹占有 22.5% 的股份，相当于 1125 万元。他没有这么多钱，怎么办呢？据他自己说，他拿出家中私蓄 50 万元，向亲朋好友借了 200 万元，剩余的钱分成三块：第一块，经营才能奖 100 万元；第二块，技术奖励，厂里两次获得国家级新产品证书，经职代会讨论同意，厂里提取 600 万元，他自己拿 150 万元；第三块，改制时企业历年工资基本金结余 1367 万元，根据浙江省有关文件规定，可按不超过 50% 的比例，计提 516 万元折成公司股份，以职务配股形式，按照对企业贡献大小和工龄长短分配到人，这一块他享受职务配股 250 万元；另外，政府还以期股注入的方式给他 375 万元。由于调动了经营者的积极性，湖州市喜盈盈纺织股份有限公司的利润逐年攀升，上缴税款以 25% 的速度增长。① 其他国企改革与湖州市喜盈盈公司也差不多，改革的代价是沉重的，但收效也是显著的。

① 《经济参考报》2003.4. 12，崔砺金、刘伟文。

湖州市喜盈盈纺织股份有限公司

但这项改革也引起了一片反对声，主要意见就是国有资产不能流失，其代表人物是郎咸平和巩献田。郎咸平是香港某大学教授，他首先以科龙公司为典型案例说明，在国企改革中非公开、非市场化的竞争使国有资产流失严重。郎咸平在网上博得网民一片叫好声。巩献田是内地某大学教授，他将众多法学专家关于《物权法》的工作叫停，主要理由也是国有资产不能流失。国企改制还遇到工人们的反对。2009 年 7 月 22 日晚，吉林省国资委负责人在通化宾馆召集通化钢铁副总经理以上干部，宣布了民营的建龙集团控股国营通钢集团的决定，引起了通钢集团工人们的强烈反对。7 月 24 日，当建龙集团董事长张志祥、新委任的通化钢铁总经理陈国军与职工谈话时，很多职工包围了陈国军，人越围越多，通化钢铁陷入停产。在此情形下，吉林省高层决定停止建龙集团控股通钢的方案，人们才散去，可这时陈国军已被群殴致死。

既然人们反对，为什么政府还要坚持将国企改制进行到底呢？主要还是为了产权清晰，使市场机制能够发挥作用。诺贝尔奖获得者科斯曾讲过一个“牛走失”的故事：养牛人与农夫相邻而居，牛跑到农夫的地里吃麦，给农夫造成损失。怎么解决这个问题呢？有两种情况：一种情况是养牛人没有权利让牛吃麦子。在这种情况下牛吃了麦子，养牛人要赔偿。赔多少呢？对养牛人来说，根据利润最大化原则，如果牛吃麦子后体重增加了，增加的收益（即边际收益）大于或等于增加的赔偿费（即边际成本），他就愿意拿出这笔赔偿费；否则他宁愿拿这笔钱去修隔离牛群的篱笆。另一种情况是养牛者有权利让牛吃麦子。在这种情况下牛吃了麦子，养牛人就无须赔偿了，但农夫可以根据牛吃麦子的情况给养牛者一笔费用，让他约束牛的行为。对于农夫来说，根据利润最大化原则，如果牛被约束后麦子少受的损失（即边际收益）大于或等于他增加的给养牛人的赎金（即边际成本），那么他会这么做；否则他宁愿放弃种麦子而去干别的。可见不论是哪种情况，即养牛人是否有权让牛去吃麦子，结果都一样，双方都能找到符合自己利益最大化的办法。科斯由此得出结论：不论产权的初始分配是否合理，只要产权界限是清晰的，而且是可以自由交换的，那么此时的市场机制就是充分有效的，可以通过当事人的谈判使资源得到最有效的配置。这个结论被称为科斯定理，它可以说是国企改制的理论基础。

无论日本的“官产”还是中国的“国企”，它的产权界限都是不清晰的，因此无人为它负责，导致不断亏损。将它改制后无论是卖给私人，还是实行股份制，哪怕是“国有资产流失”这种不合理的初始分配，都能使产权界限变清晰，并可以自由交换了，于是市场机制才能起作用，资源才可以得到最有效的配置。

人们想不通的可能还是“不论产权的初始分配是否合理”这一条。2006年，中国媒体上炒作比较多的是“企业家原罪”问题，它的实质是改革开放之初，一些人成功地利用制度不完善，钻了空子发了财。国企改制之初，制度也不完善，也有人钻了空子发了财。你说这合理不合理？不合理，但却合法，因为法律没有禁止的都可以去做。后来制度健全了，他不做了，你说他有罪没有罪？没罪。制度是什么？它就是一个“圈”，圈外的行为是禁止的，圈上的行为没有明确规定是禁止还是不禁止，他做了，你拿他没办法。这个“圈”就是一个边界，最优化理论讲“最优解都在边界上”。俗话说“富贵险中求”。所以，你还得佩服他思想解放，敢为天下先。

人们不理解的还有一点，就是为什么不把国企改制的意义给大家讲清楚？

所以有人下面说："资本主义只能做不能说。"其实，国企改制的意义不是没有说，只是由于理论落后于实践，没说透。传统理论都是规范分析，就是以一定的价值判断为基础，提出某些标准作为分析处理问题的依据，回答"应该是什么"的问题。"两个凡是"就是这种分析方法的结果，被实践证明是行不通了。后来民营经济的发展又引发了"姓资姓社"、"姓公姓私"的讨论，眼看改革派招架不住了，邓小平关于对"姓资姓社"、"姓公姓私"问题"不争论"的指示又让改革派有了主心骨。在过去，这是个大是大非问题，路线问题，为什么不争论清楚再行动？就是因为它是规范分析，有太多的价值判断，太多的意识形态和感情色彩，争论不清楚，反而会使我们错过改革开放的大好时机，而实证分析的方法很多人还不理解。什么是实证分析的方法？邓小平讲："不管白猫黑猫，抓住老鼠就是好猫。"就是要我们排除价值判断，实事求是回答"是什么"的问题。这就是一种实证分析的方法，它所得结论可以通过事实得到检验。

现在，国企改制的好处已经显现出来了，它的意义已经被越来越多的人看清楚了。我国建国已经 60 周年了，在总结这 60 年的经验教训时，人们不难发现，前 30 年的教训多，后 30 年的经验多。之所以如此，就是因为后 30 年实行了改革开放。这后 30 年的经验中就有"坚定地进行国企改制，使产权清晰、市场机制发挥了作用"这重要的一条。

公车和私车

近几年，我国公车改革的话题总也不断，但公务用车问题依然没有得到解决，花费在公车上的财政资源越来越多。"八五"期间，全国公车耗资 720 亿元，年递增 27%，大大超过了 GDP 的增长速度。截至 20 世纪 90 年代后期的数字，我国约有 350 万辆公车，包括司勤人员在内耗用约 3000 亿元人民币。在职务消费中，车辆消费占单位行政经费的 90% 左右，占到全部国家财政支出的 38%，公车每万公里使用成本高出社会车辆 5 至 10 倍。而且一般认为，公车使用中，公事占 1/3，干部私用占 1/3，司机私用占 1/3。2009 年 9 月 3 日，一辆防汛指挥车、一辆卫生监督车、一辆非税收入标据专用车、两辆工商行政管理车、两辆国土执法车、十七辆警车……这么多公车齐聚湖南湘潭大学门口，难道是来联合执法？不是，是来送孩子上学。几位网友将以上停车辆拍摄后上传到网上，跟贴者无数，大家一致指向："公车私用何以如此明目张胆？为何屡禁不止？

日本的公车很少，尽管没有全国的统计数字，但从我所在的北海学园大学来说，公车仅有一辆，是理事长的专车，连学长（即校长）都没有公车。那学校的干部出行靠什么呢？上下班一律用私车或乘地铁、公交车，近的就靠自行车或两条腿。办公事乘出租车，不交现金而是开单。有几次学校事务所的办事员带我出去办事，虽然是我的私事，但对他们来说安排好外国访问学者的生活那是公事，所以乘出租车开单。一上出租车，办事员向司机说明地点，就掏出专用发票本，车一边开她就一边填写单子，内容包括时间、目的地、办事要点、司机姓名，最后签上自己的名字，下车撕下这张单子交给司机就行了，到时候司机拿这个单子统一去结账。

因为没有公车（或很少），所以也就没有（或很少）公车私用的现象，倒是有私车公用的事。我在北海学园大学访问，学校提供科研经费，由指导老师小田清掌握。这笔经费不多，所以他就很节省。我申请要去北海道的北见等地去考察，他正好要去开个会，就开上他的私车带上我去这些地方，回来只报销汽油费，这样既节约了经费，又很方便，不过开车行驶几百公里也是十分辛苦的。

不仅学校是这样，政府也是这样。有次国内的一个朋友写信给我，说他们那里盛产核桃，苦于没有销路。他作为县委书记想为农民找一条致富之路，让我在日本看看有没有将核桃加工成核桃粉、核桃奶的设备，他要进口。我找到北海道厅，那里有个国际事务部，我把来意说明，请他们帮忙。他们很热情，让我留下电话，说联系好了通知我。过了两天，他们让我去一下，我到了北海道厅，国际事务部的一个办事员就陪我去企业考察。我们来回都是坐出租车，完了都是这个办事员开单，和北海学园大学的那个办事员一样。我想，每个城市可能都有一个结算中心，否则让出租车司机到各单位去收账恐怕不合适；每个单位的财务部门可能都有专门人员负责这些单子的审核，否则有人伪造发票怎么办？这要花些成本，但比起供养公车来说还是节省多了。

和日本的这种做法相比，我国有些地方的公车改革试点可能负作用不少。湖南资兴市的公务用车改革是这样的：市直机关公务用车于2004年1月1日全部移交到资兴市直机关公务用车出租车队管理，国家公务员将和老百姓一样，办事用车得按规定付费租车。车队实行独立核算、自负盈亏、市场化运作。资兴市出台的《公务用车制度试行改革办法》还鼓励公务员个人购买小轿车，凡购买小轿车的，财政局将全年的个人供车费用100%发给个人，但同时也规定这种车只能自用，不能营运。这种办法从过去的用车不计成本的管理走向计成本管理，应该是一种进步，但存在两个问题：一是用私车办私事的费用也由公家报销，恐怕不合理；二是车队不是社会化的出租车公司，公务用车只能找这个车队，也有垄断之嫌。

北京市2004年在海淀、房山、平谷等区县的公务用车改革试点是这样的：取消公务用车，按职务级别发放车补。房山区琉璃河镇的改革已完成，车补按6个档次发放；海淀区温泉镇的改革也即将开始，按职务级别发放车补，处级干部每月补贴1300～1500元。这样的改革相比过去也是一种进步，但也有两个问题：一是有些干部心里不平衡，科员车补每个月只有几百元，不够出门办公事的费用；二是车补发到个人手里以后，个人就有少干活以节约这笔费用归己的利益驱动，从而影响公务活动的效率。

从以上两例我们可以看到，我国公车改革的做法都不如日本的好。为什么日本的做法并不复杂，而我们却不能借鉴呢？主要原因是这个改革涉及到当权者的既得利益，他们不愿意舍弃，这里失去的总要想办法到那里去弥补。如果按日本的做法来改革的话，他们什么好处都没有了，当然不干了。中国的很多改革看起来是经济改革，但改到后来改不下去了，原来是碰到了政治体制这个拦路虎。时代呼唤我们，尽快出台比较大的政治体制改革方案，让老百姓在干部任用方面有决定权。相比公车改革给一些既得利益者造成的损失，官位丢失的损失更大一些，制定政策者就会两害相权取其轻，进行比较彻底的公车改革了。

公兮私兮教育权

——日本的私立大学为什么占多数?

教育是公共物品还是私人物品?一般认为是公共物品,理由是大家都需要。如果是公共物品,那最好由国家来提供,就像国防、航天研究和城市里的路灯一样。但在日本,私立大学占大多数,其中不乏名牌大学,我所在的北海学园大学就是私立大学,办得就不错。可见,教育是公共物品、最好由国家来提供的观点值得商榷。

日本的私立大学

日本的学校有三种:国立、公立和私立。国立学校和公立学校的区别是,前者的经费来自中央财政,而后者的经费来自地方财政。据统计,日本各种学校之比为:小学国立的占0.3%,公立的占99%,私立的占0.7%;初中国立的占0.7%,公立的占94.2%,私立的占5.1%;高中国立的占0.3%,公立的占75.9%,私立的占23.8%;短期大学国立的占6.8%,公立的占9.7%,私立的占83.5%;四年制大学国立的占20.9%,公立的占7.5%,私立的占71%①。也就是说,日本的初等教育公立的多,高等教育私立的多。日本现在的高等教育,国立大学99所,公立大学76所,而私立大学有526所。这个数字恰好能说明我曾在《教育的经济学分析》一书中阐述的一个观点,即高等教育不是公共物品而是私人物品,由私人提供可能更好些。

---

① 李永连著:《战后日本的人力开发与教育》,河北人民出版社,1986年4月版,第132页。

理论根据是斯蒂格利茨在《经济学》里关于什么是公共物品的一个解释："所谓公共物品是这样一类物品，增加一个人对它分享时，并不导致成本的增长（即非竞争性）；排除任何个人对它分享时都要花费更大的成本（即非排他性）。"也就是说，公共物品具有非竞争性和非排他性，私人物品具有竞争性和排他性，而只具有非竞争性或者非排他性的物品，我们可称之为准公共物品。根据这个标准，我将教育分成不同的部分。

首先来看非竞争性问题。如果是广播、电视和网络教育（即远程教育），只要愿意，谁都可以打开收音机、电视机或电脑来收听、收看教育节目，这并不导致广播电台、电视台或网站的成本的增加，它具有非竞争性；而学校教育（包括小学、中学、大学）就不是这样了，增加一个人就要增加桌椅板凳，再增加得多了还得增加教师、教室，成本会增长，具有竞争性。

再来看非排他性问题。如果是远程教育，不让某人打开收音机、电视机或电脑收听、收看教育节目，要花费很大成本，所以具有非排他性；如果是义务教育，少年儿童接受义务教育有法律保证，不要他接受义务教育要付出法律的代价，所以也具有非排他性；而如果是其他教育，包括高中教育、职业教育、大学教育等非义务教育，不让他受教育恐怕要简单得多，可以因他成绩差、交不起学费或其他原因将他拒之门外，所以具有排他性。

由此看来，远程教育是公共物品——具有非竞争性和非排他性；义务教育是准公共物品——只具有非排他性；高等教育是私人物品——具有竞争性和排他性。因为竞争性、排他性都不是绝对的，所以我们可以以排他性为横轴、竞争性为纵轴，将不同类型的教育放在这个坐标系上进行比较，如图所示：

从这个图示中我们可以看到，高等教育和远程教育、义务教育是不一样的，它具有竞争性和排他性，所以是私人物品。既然是私人物品，私人来办可能更好些，所以日本的私立大学占了大多数。

教书育人是一项庞大的社会系统工程，需要全社会的扶持和支援。战后日本的教育，在办学渠道上，既有国家办的（即国立学校），也有地方办的（即公立学校），还有学校法人、财团法人、社团法人、宗教法人以及个人办的（即私立学校）。凡是有条件者，都可以办学。这种多渠道办学的做法无疑

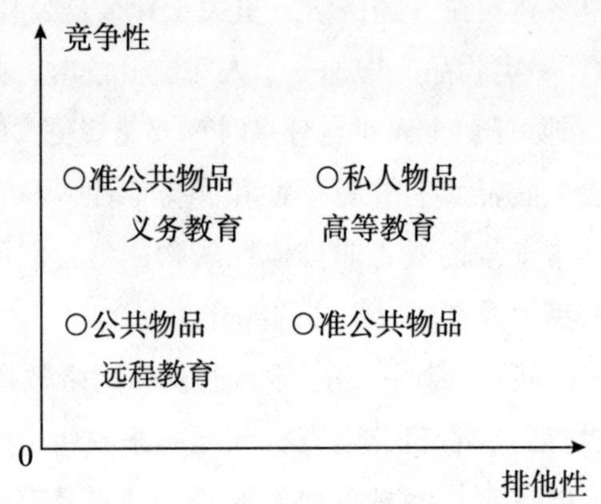

是发展教育事业、扩大教育机会的重要措施之一。无论是哪个国家，也无论经济如何发达，单靠国家办学，也是有一定限度的，往往会力不从心，而放开手脚多方来办学，就可弥补国力之不足。小学、中学、大学都可多渠道来办，既可以是国立的，也可是公立的、私立的。“众人拾柴火焰高”，多渠道办学才能使教育事业百花齐放、百家争鸣，不断繁荣起来。

日本私立大学的产生不仅仅是为了替政府考虑、减轻政府的负担，它们刚建立的初衷可能正好相反，是为了打破政府一种势力的统制，发扬自由民主精神。据早稻田大学记载，1902 年 10 月 19 日，当该校的前身东京专科学校成立 20 周年纪念日的时候，学校创始人大隈重信曾经讲过这样一段话：“历来我有一个固有的看法，即国民的意志与政府的意见经常是不一致的。有时，甚至出现政府的意见与国民的意志完全背道而驰的现象。教育如果被某一种势力所统制，也许会贻误国家之目的。这虽然是一种杞人忧天，但是，假如学问能够摆脱所有势力的束缚而独立存在，或许在对国家的贡献上，会有大益处。”①

东京专科学校正是抱着这样的目的创办的，那么政府对东京专科学校持何种态度呢？大隈继续说：“在政府看来，这所学校是培养造反者之地方，因此密探终日在校游动，但是密探肯定听不到像样的密告。于是，政府就将其旨意传达给各地地方官……人们的心理作用是很有意思的，上述这种形式的

① 〔日〕永井道雄著：《近代化与教育》，吉林人民出版社，1984 年版，第 102 页。

压迫，反而助长了一种好奇心。有些人出于好奇，反倒想进入大限的学校，看个究竟。这种人年年在增加。于是政府就往教室、宿舍派出大批密探，他们企图待机煽起骚动，以便从内部瓦解学校。因此，他们不时制造些混乱，但对学校的打击不大。反而，学生的数量却日益增加。”①

在大限的这种办学思想指导下，早稻田大学的前身——东京专科学校很早就培养出了不少自由主义的战士，其中包括早速整尔、青地雄太郎等政治家，津田左右吉、内田银藏、盐泽昌贞和信夫淳平等学者，以及国木田独步、岛村潼太郎（抱月）、内田贡（鲁庵）、木下尚江等文学家。还有像庆应大学的前身——庆应义塾等私立学校也培养了不少人才。

但是，政府并没有放弃对私立大学的控制。他们一方面在政治上对私立大学进行整顿；另一方面在经济上通过对私立大学补助的形式来施加影响。现在日本的私立大学，说是私立大学，其办学经费的一半都是政府提供的。我在日本北海学园大学访学期间，就曾听西川教授说，他们的工资有一半是政府支付的。他们学校要建校舍，只要政府批准，也会资助一半建设经费。我问政府为什么要为私立大学掏钱？西川教授说：这一方面是因为便于对私立大学进行控制；另一方面也是因为私立大学培养人才，对社会是件好事。在政府这样双重作用下，现在的私立大学已经很少有早期的那种自由民主精神了，大多都和政府保持一致，生怕得罪了政府，那将意味着失去部分经济来源，增加了很大的政治压力。政府提供补助的好处是促进了私立大学的发展。因为政府补助了，学费降低了，一些低收入家庭的孩子也有机会上学了。但害处也是明显的，永井道雄认为，日本私立大学之所以后来没有像美国的哈佛大学那样出人才，其中的一个重要原因就是大学的独立和自治受到了干涉。

日本的私立大学不仅受政府的干涉，也受市场的影响。1999 年 6 月 26 日星期六，梅雨时节的东京意外地变得天高云淡、清爽宜人。意外的好天气将一个更为意外的人送进了有“雄冠私学”称号的早稻田大学：日本当红顶级青春偶像广末凉子作为早稻田大学社会学系 99 年级招收的一年级新生，在学

① 〔日〕永井道雄著：《近代化与教育》，吉林人民出版社，1984 年版，第 103 页。

校开学三个月后，姗姗来迟到学校上课了。偌大的校园里人山人海，怀抱各式摄影机的大小媒体记者、神情激动的追星族以及“近水楼台先得月”的早稻田大学学生，把这里挤得满满当当，一时间人声鼎沸、灯光闪烁，呈现出一派久已罕见的兴旺气象。在保镖前护后卫下的广末凉子在人群中春风满面，怡笑可人，成为人们关注的对象、议论的中心，而人群外作为背景的早稻田大学创始人大隈重信的铜像则显得异常的灰暗和落寞。这时候谁还记得大隈重信说过的那句话：“假如学问能够摆脱所有势力的束缚而独立存在，或许在对国家的贡献上会有大益处”？

拥有一百多年历史的早稻田大学如何堕落到如此地步，需要靠一个小姑娘来抬高自己？对于早稻田大学来说，这也是没办法的事。因为日本的大学很多，而由于长时期低出生率导致的高中毕业生急剧减少，使得各大学之间为争夺生源而进行的竞争异常激烈。作为以征收学费为主要经费来源的私立大学，早稻田大学只好破格录取广末凉子，想通过广末凉子的广告效应，向无数好学青年抛媚眼。

广告效应是有了，但大学的学术独立则不复存在。高等教育是一种特殊的商品，不是有钱就可以消费的，还需要天赋和努力的积累。像广末凉子这样的小姑娘，虽然相貌出众，具有表演才能，但理论学习她能跟得上吗？一个班里有这么个人，老师讲课是照顾大多数还是将就她？她是名人，自然要将就她，于是教学进度和质量就难以保证，学术研究则更谈不上了。所以，降格录取名人，学校虽有了广告效应，但却以牺牲教学质量和学术研究为代价，得不偿失。

就从广告效应来说，录取名人也要看录取到什么专业。具有表演才能的录取到表演系，具有体育才能的录取到体育系，名人的专长和专业有一定联系，这还可以理解，可以相得益彰。但有的名人录取的专业和其专长毫不相干，如广末凉子录取到社会学系就是如此。这样的广告效应就要打折扣了。它可能给人们以负面影响：这个大学谁都能上，只要长得漂亮！

尽管如此，日本的私立大学还是给学术独立和自由留有一席之地的，这表现为私立大学普遍采用的讲座制和教授会制上。日本的讲座和中国上大课式的讲座不同，它是日本大学教学与科研的基本单位，仅由一名教授和几名副教授、讲师、助教组成，还带几名研究生。教授主持讲座，但不是他唱独脚戏，而是大家轮流讲，包括研究生。讲座每周举行一次，每次都是读一本书，这次你讲一章，下次我讲一章，讲完了大家提问题讨论，最后教授总结。我参加过西川教授主持的几次讲座，读的是关于中国的纺织业发展历史的一本书，有次轮到一位叫渡边的研究生讲，可能是准备不充分，教授提的问题答不出来，结结巴巴冒了一头热汗。讲座不仅是读书和讨论，还负责教学和科研计划的制定、人员的安排以及经费的使用等。可见教授不仅是个职称，也是个职位，拥有比较大的权力。每个学科方向只有一名教授，他若不退休，其他人哪怕本事再大也只能是副教授。这看起来似乎压制了年轻人的发展，但实际上具有国际水平的年轻人仍不断脱颖而出。北海道大学有一项关于生物细胞方面的研究达到了国际水平，报纸、电视进行了广泛报导，具体是什么内容由谁搞出来的我记不清了，但印象深刻的是主持人是个年轻人，仅是个副教授。还有个叫田中耕一的年轻人，仅 43 岁，本科学历，就获得了诺贝尔化学奖，他也才是个中级职称。

为什么看起来论资排辈的讲座制也能出人才呢？我体会一个原因是这种制度重在培养的过程，而不是只看结果。正是由于教授的严格要求，才能使年轻人得到很好的锻炼，才能出成果。这就好比体育训练和比赛一样，教练虽然没有他的运动员跑得快，但没有教练的绝对权威和严格训练，运动员就不会跑那么快，拿到金牌。另一个原因是这种制度具有相对的稳定性，因为科学研究是个长期的过程，不能一蹴而就，没有组织的稳定性，就没有团队精神和“十年磨一剑”的决心。

教授会是在讲座制的基础上完全由教授组成的，负责学部的教学、科研的方针大计，以及协调各讲座的关系。学部的重大问题都是在教授会上决定的，因此教授会的权力很大，日本的大学因此也是“教授治校”。教授会每年年终举行一次聚餐，我虽然在国内是副教授，但他们也邀请我参加了。十几位教授在一起又吃又喝，无所不谈，气氛十分融洽。

教授会很少受行政力量的左右，呈现了学术独立。教授也不把行政官员放在眼里，更无迎合行政官员之需要。有一次北海道女子短期大学的一名教授在出试题的时候与副校长发生争执，这位教授随手就把副校长推倒在地。

于是该短大的理事长就以这位教授“实施暴力”为由，要将他解聘。这事引起了北海道很多大学教授的不满，他们联名写信给该校理事长，要求不要解聘这名教授。抗议书发到每个教授的信箱里，我也收到一份，所以知道有这么回事。后来理事长迫于教授们的压力只好撤回解聘决定。

美国的私立大学

日本是以美国为榜样的，美国干脆就没有国立大学。为什么呢？独立战争后以哈佛为代表的 9 所殖民地时期建的大学受到不同程度破坏，处在恢复阶段。到 1800 年虽然建立了 16 所学院，但主要是地方社会办的，难以适应美国社会政治、经济和文化发展的需要，因而美国联邦政府想在首都建一所国立大学，既可集中全国智力资源，又可消除地方偏见。华盛顿曾立下遗嘱，将自己的财产捐作国立大学基金；麦迪逊总统也先后四次在国情咨文中建议设立一所全国性大学。在他们的努力下，国会下属的一个委员会甚至于 1817 年通过了一项法案来支持总统的建议。但是，按宪法及其修正案规定，教育属各州的职权，不是联邦政府的职权。同时，一些民主派也担心建立国立大学会给极权主义提供突破口，使美国重蹈欧洲集权与专制的覆辙，所以他们极力反对，众议院最终否决了这项法案，筹建国立大学的计划遂告流产。

不仅如此，美国一些州政府想把私立大学改变为州立大学的企图也遭到失败。建于 1769 年的达特茅斯学院原本是怀洛克家族创办的，其特许状是由英王室颁发的。到 1816 年，由于当地的新罕布什尔州党派斗争的介入，州政府强行将该学院核定为州立大学，遭到学生和老师们的激烈反对。学院为此也不服，向法院提起上诉，官司一直打到联邦最高法院，结果裁定州政府败诉。裁决书申明，达特茅斯学院成立时的特许状是一种“契约”，其约束力是不容践踏的，理应受到宪法保护，州政府无权控制与干预。换言之，达特茅斯学院具有私立性质，其财产属于私有财产，神圣不可侵犯。这个裁决具有深远的意义，解决了很多大学公立、私立不清的问题，为美国私立大学的健康发展扫清了道路。一些州如弗吉尼亚、纽约、宾夕法尼亚等，只得终止了将私立大学变为州立大学的打算，哈佛等学院的私立性质也不言而喻地确立下来，从此美国高等教育体系出现了泾渭分明的公立私立两个系统。私立学院有了法律保障，如雨后春笋般迅速增多，到1860年全国仅教派大学就达116所之多。一些州政府改造已有私立学校无望，遂转而通过其他办法集中力量兴办了一些公立学校。

我们从以上介绍中可知：第一，美国是个法治社会而不是人治社会，所以尽管华盛顿、麦迪逊总统想成立国立大学，但议会通不过就是建不成。第二，议会之所以通不过，是担心建立国立大学会给极权主义提供突破口，使美国重蹈欧洲集权与专制的覆辙。第三，为什么建立国立大学就会给极权主义提供突破口？是因为国立大学的产权归联邦政府，学术独立和学术自由的原则就可能受到行政力量的干涉。可见，美国之所以没有国立大学，是为了保证学术独立和学术自由，而学术独立和学术自由是一个大学的灵魂与生命。事实证明美国众议院当初的选择是正确的，正是由于美国的大学具有学术独立和学术自由的传统，才使得世界科学技术的中心由欧洲转移到了美国。现在每年诺贝尔奖获得者大都出自美国，而其中80%～90%都出自美国的私立大学，仅哈佛大学就出了36位诺贝尔奖获得者。哈佛大学还出了6位美国总统、32位普利策奖获得者，世界500强财团中有2/3的决策者也都毕业于这所私立大学。如果美国没有哈佛、耶鲁等一批世界顶尖的私立大学，美国的科学技术就不会处在世界最前列，美国的经济也不会像现在这样领导世界新潮流。

清华大学校长梅贻琦曾说过："大学，非大楼之谓也，乃大师之所谓也。"其实有了大师还不够，还应有"大气"。所谓"大气"，就是一种学术自治、学术自由的气度和胸怀，就是宽松的文化氛围和鼓励创新的制度环境。有了这样的氛围和环境，才能萌生创新思维。私立大学由于产权归私人所有，可以少受行政的干预，比较容易营造这样的学术氛围。这是为什么美国私立大学出了很多人才的根本原因所在。

中国的国立大学

理论上中国有三类大学：国立、公立和私立。国立大学的办学经费主要来源于国家财政，如一些教育部直属的重点大学；公立大学的办学经费主要来源于地方财政，它们直接属各省市自治区教育厅管；私立大学的办学经费主要来源于私人和学费收入，国家和地方财政都不给钱。由于各省市自治区政府的独立自主权很有限，所以目前中国内地其实只有国立和私立两类大学。

由于我国长期实行计划经济体制，使得教育资源都集中在国立大学。改革开放后虽允许私立大学成立，但私立大学白手起家，处境艰难，教学质量得不到社会认可，使得私立大学生源短缺，而生源短缺又造成师资力量短缺，形成恶性循环。生存都成问题，学术独立和自由更谈不上，也就谈不上出世界一流成果和人才了。

国立大学虽集中了教育资源，有好的老师好的学生好的设备，但由于产权归国家所有，所以受行政力量的干扰太多，不能实现学术独立和自由，也影响出世界一流成果与人才。行政力量对国立大学的干扰表现在“六个统一”方面：

第一，统一的科层制度。高校本是教学单位和学术单位，应有它自己的管理体系，在国外就是教授治校，这才能保证学术独立和学术自由。可是在国内，由于学校的公办性质，行政部门便理所当然地充当了管理者角色，并把政府的那一套科层制度照搬到学校里来。部管院校的领导属省级，省管院校的领导属厅级，市管院校的领导属县级。学校内又层层划分，有处级、科级等等，正像有人说的那样：厅级干部一走廊，处级干部一礼堂，科级干部一操场。有了这么多官，就要有相应的权力，结果层层瓜分下来，教师就没有什么权力了。行政领导成了学校中心，“官本位”是学校的价值取向，当官的有权分配教学科研资源，并决定教师的去留和任用。教师要想干点事必须借领导的光，领导具有取得课题和获奖的优先权，即便不出力排名也必须放在前面。本来不同的人具有不同的比较优势，有的善于管理，有的长于教学和科研，根据比较优势原理，让善于管理的专门搞行政工作，让长于教学和科研的专门当老师，学校的整体效益才最佳。但在现行体制下，谁都想当官，教学和科研有了成绩也给个官，好像只有官位才能体现人的人生价值。于是专业分工没有了，比较优势丧失了，资源也浪费了。

第二，统一的学科、专业和课程目录。国立大学的学科、专业和课程都必须按教育部颁布的统一目录设置，学校没有自主权，这就很难适应社会、经济以及科学自身发展的需要。比如学科建设应符合科学发展的规律性，而科学发展呈现“合久必分、分久必合”的趋势，即古代人们对自然和社会的认识都集中在哲学中，近代学科不断分化，现代又开始整体化和综合化，边缘学科、交叉学科不断产生，成为新发现和新发明的生长点。但教育部颁布的学科目录没有也很难反映这种变化，仍是传统的划分办法，没有或很少有边缘学科、交叉学科，而各大学又必须按教育部的学科目录来设置学科，这就人为地割裂了各学科之间的联系，阻碍了科技创新。又比如专业建设，过去专业划分过窄，这是不对的；现在学校大合并，不论什么学校都搞“宽口径”，专业划分又过于宽泛。专业与学科不同，它是为职业服务的，口径太宽专业性就降低，很难适应市场经济日益专业化的需要。当然“宽口径”有利于学生“跳槽”，但“跳槽”太多也是一种资源浪费。再比如课程建设，不论是什么学校、什么学科、什么专业的学生，规定的“两课”内容都是一样的，课时都很多。由于不能反映社会经济发展的新变化，普遍存在学生不愿学、老师不愿教的情况，这也是一种资源浪费。

第三，统一的学校教学质量评估标准。高校扩招带来一个问题是教学质量的下降，这就给教育行政部门对各高校进行教学质量评估提供了口实。既然产权归国家所有，学校接受行政主管的评估也无可厚非，问题是评估用什么标准。现在的评估标准一是很繁琐，比如本科水平评估光 2 级指标就有 19 项，每个 2 级指标下又有很多 3 级 4 级指标，合在一起有一本书厚。学校为了通过评估，动员了一切人力物力和财力，填写大量的表格，编纂大量的材料。很多材料没有只好瞎编，形成了声势浩大的造假运动。教师们不得不放下手头的科研工作投入到这项运动中去，烦不胜烦。如果评估带来的结果是教育管理的规范化也好，但实际上是更加高昂的交易成本。比如现在学生的毕业论文，初稿没写之前除了要完成开题报告、文献综述、外文翻译之外，现在又增加了选题审批表、任务书、选题答辩会等，其实很多内容都是重复的。二是评估标准太统一，所有的学校都用这个标准，这就使得有特色的学校在评估中处于不利地位，因为有了特色就很难面面俱到。于是这样的评估尽管在标准中有办学特色这一条，但其效果恰好相反，所有的学校都像一个模子扣出来的。各个大学都没有了特色，我国的高等教育就失去了多样性，很难适应多样化社会的需要。

第四，统一的教师职称评定标准。教师的职称关系到教师享受的待遇，所以职称评定标准就成了教师努力方向的指挥棒。现在各个学校的职称评定标准几乎都是一样的，硬件中包括完成多少课时、发表多少论文等。这看起来公平，实际上没有效率，原因是：（一）不同的教师有不同的比较优势，有的善于教学，有的长于科研，按照比较优势原则，善于教学的多上些课，长于科研的多发表些论文，这才能使整体效率最佳。现在大家都是一个标准，教学科研都一样要求，于是比较优势得不到发挥，学校整体效率降低。（二）同一个教师在不同的年龄段也有不同的比较优势，40岁左右容易出科研成果，50岁左右教学经验日趋成熟。一个老师即使50岁左右拿到教授职称了，又有当硕导、博导的压力，又要科研成果。本来在日本，教授既是职称，也是职务，主要任务就是主持讲座，培养年轻教师，这样他的比较优势就能得到发挥。可在国内没有讲座制，当硕导、博导只看你的科研成果，于是50多岁的教授只得硬着头皮去写文章，根本顾不上指导硕士生、博士生。这样也会使学校整体效率降低，这就好比体育训练和比赛中要求教练和运动员跑得一样快才能当教练一样。（三）即使在科研上也有理论研究与应用研究之分，不同的教师这两方面也有不同的比较优势，只要求教师发表多少文章也不合理，因为搞理论发表文章容易，搞应用发表文章困难。于是为了评职称大家都去搞理论研究不搞应用研究，结果是大学的科研成果很难转化成生产力。老师是这样，培养的学生也是这样，重理论轻实践，很难适应人才市场的需要。现在的大学生就业难就和这种制度有很大关系。

第五，统一的学生录取、考评和毕业标准。学校没有特色，老师没有特色，学生是否会有特色呢？回答也是否定的。这除了学校和老师都没有特色这个原因之外，还因为教育行政部门对各学校的学生实行统一的录取、考评和毕业标准。学生录取全国统一考试，实行统一的试卷、统一的录取分数线，这不仅使中学的应试教育难以制止、素质教育难以推行，也使得大学的专业教育受到影响。比如国际贸易专业的学生外语成绩高一些是应该的，而对中国古典文学专业的学生也要求那么高的外语成绩就没必要了，但他们都要考外语，外语成绩都要计入总分，而总分又都是录取与否的唯一依据。这就使得一些很有可能在中国古典文学方面有所作为的学生一开始就失去了继续深造的机会。学生在校期间又要评三好生、奖学金，又要搞综合测评，标准都是统一的，面面俱到的，这就为学生个性的发展设置了障碍。学生毕业也一样，不论什么专业，外语成绩都要求过4级。学生有不同的专业，有不同的比较优势，对于一个不需要太多外语的专业来说，学生的比较优势也不是外语。现在硬要求他们达到和别的学生一样的外语水平才能毕业，他们就不得不用比别的学生更多的时间去学习外语，结果专业知识反而只能用比较少的时间去学习了，比较优势就丧失了。学生把过多的精力用在不需要创新思维的外语学习上去，创新思维能力便会逐渐萎缩。

第六，统一的教学计划、教学大纲和教材。学生没有特色的另一个原因是各学校实行统一的教学计划、教学大纲和教材。教学计划、教学大纲和教材没有特色，怎样培养有特色的学生呢？当然，各学校各专业的教学计划、教学大纲和教材在教育部发的文件中并没有统一规定，但由于两个原因使它们大同小异，趋于统一。一是长期受到计划经济的影响，使得很多学校还是习惯套用过去的计划和大纲或借鉴别的学校尤其是重点大学的教学计划和大纲；二是教育部本科水平评估标准中仍有相关要求，如统编教材使用率、获奖教材使用率等。统编教材、获奖教材虽好，但也无法适应不同学校的不同要求。比如我在一个地方院校教《经济学原理》，现有的教材，不论是统编教材还是获奖教材，都只是传统的微观经济学、宏观经济学，没有博弈论、信息经济学、新制度经济学、国际经济学这些新兴学科的内容，非经济类专业又不可能开这些课，而学生没有这些知识就不可能解释改革开放以来出现的很多新情况。所以这些教材对我们来说就不合适，我只好自编教材，把这些内容都压缩进去，做一般介绍。

由以上分析可知，由于国立大学产权的性质决定了教育行政部门对大学的干预太多，使学校失去了学术独立和学术自由，丧失了办学特色，没有了办学效率。每年到诺贝尔奖颁布的日子，国人都在问：为什么没有中国人？我们是不是再问一句：为什么美国人那么多？就连日本人的身影也不时出现？他山之石，可以攻玉，但愿我们能从美国、从日本的经验中得到启发。如果我们能像国企改制那样对国立大学进行产权改革，从而减少行政部门的干预，实现学术独立与自由，我想要不了多少年，中国也会出世界一流大学，中国人也会走上诺贝尔领奖台。中国人并不笨。

应邀北海学园大学同窗会

10月10日，我接到北海学园大学同窗会发的一张请柬，请我参加他们今年的聚会，我很高兴。他们去年的聚会就邀请我参加了，今年又发了请柬，看来已接受我为他们的校友，这是我的荣幸。

刚来这个学校进修时，我就看到校门两侧分别有一个碑和一座胸像。它们在松树林中似乎并不引人注目，但你若仔细看看上面的文字，便会发现它们实际上记录了这个学校不平凡的历史。北海学园大学的前身是北海中学，从成立到现在已经有110多年了。胸像是北海学园大学的创立者浅羽苗村，铭文完全是古汉文，浅羽苗村先生是众议院议员，为北海道的开拓和发展做出了卓越贡献。他还倾其家财办起了这个学校，为国家培养了很多人才。碑的名字是“行启纪念碑”，是纪念明治年间大正皇太子在这里视察的事。当时北海道的开拓才刚刚开始，这所学校就已经建起来了，并受到皇室的重视。

21日下午5点，我的指导教师小田先生陪我去会场。小田先生不是北海学园大学的毕业生，去年就没有参加同窗会。去年我是和一个从内蒙古来的研究员一起去的，今年他回国了，大会组织者可能是怕我寂寞，特意让我的导师陪我一起去。小田教授专攻开发政策，前不久将他刚出版的《开发计划和地域政策》一书送给了我。

会场位于札幌市闹市区一所饭店。饭店前厅已经挤满了来参加会议的人。他们都是这个学校的校友，平时因为忙很少能见面，现在聚到一起当然很亲切了，所以并不急着进去，而是在门厅里热烈地交谈并等着可能还会出现的同学。我没有什么认识人，于是和小田先生一起去服务台签到。来参加聚会的人每人交8000日元，我因为是特邀佳宾，不用交钱，礼仪小姐还给我戴上了一朵大红花。我们得到一袋材料，内有大会程序和来宾名单。

进入会场，眼前一亮。会场布置十分华丽排场，上有各式彩灯相映成辉，下有大红地毯连接各个座席。所有座席呈扇形面向舞台，舞台上贴着几个醒目的“北海学园大学同窗会”的大字，座席前的长桌已摆上了各式菜点和美酒。我们被领向前面的佳宾席，一位加拿大的女教授与我们同席。这时人们已陆续进入会场，寻找座位就座。去年进入餐厅前先在报告厅开了个学术报告会，今年直接了当进入正题。去年座席上都标有与会者姓名，今年只大概标了一下各届毕业生区域。

首先讲话的是日本私立大学协会副会长、北海学园大学理事长森本正夫先生。他对大会表示祝贺，对校友们表示欢迎，对校友们对学校的支持表示感谢。接下来讲话的是学长（即校长）坂上孝幸先生，他向校友们介绍了学校的发展情况和今后的设想。

理事长和学长讲完话后，是给北海学园大学同窗会稚内支部授旗。理事长同时又是同窗会会长，他代表同窗会总会将一面绣着“北海学园大学同窗会稚内支部”的白字紫红色缎底的绵旗授于稚内支部负责人。去年同窗会总会也给一个地方新成立的同窗会支部授了旗。看来同窗会不光是每年聚一次吃吃饭，而是有组织的。学校通过同窗会不仅加强了学校与校友及各界人士联系，扩大了社会影响，同时也筹集了一些办学资金。去年和我同席的就有几个提供了赞助的企业领导人。

授旗之后，我和加拿大那位客人被邀请到台上，和理事长、学长等几个人一起，披上了日本传统服装，手里拿着木槌分立两个大酒桶后面。理事长过来对加拿大客人用英语讲了这个仪式的意思。随后在一片欢呼声和掌声中，我们用木槌砸开酒桶上的盖子，宣布了酒会正式开始。酒桶被砸开了，意味着大家可以豪饮了，可以不拘小节尽情欢乐了。

许多陪酒女郎鱼贯而入，分坐在各席前面为客人斟酒助兴。大家首先起立举杯，为母校、为各位健康干杯。然后坐下，一边喝酒吃菜，一边欣赏校友的卡拉 OK 演唱。卡拉 OK 演唱是评奖的，三个评委就坐在台上，因此演唱者都很投入，有的豪放，有的缠绵，博得人们一阵阵掌声。

北海中学及北海学园大学的毕业生多才多艺，他们中间有著名雕刻家本乡新和运动员南部中平。本乡新曾获得“国际美术展优秀奖”、“日本和平奖”、“北海道文化奖”等多种荣誉，他的代表作有《哭》、《抱鸟的女》、《冰雪的门》、《太阳的赞歌》等，有的收藏于艺术馆，有的座落于公园和街头。他还将一些作品赠送给母校，如《南部中平的像》就座落于北海学园大学五号馆门厅里。南部中平是他的同学，曾创造了三级跳的世界纪录。

菜是套菜，吃完一套又上新的一套。酒是葡萄酒，还可直接从前面酒桶里往外舀。除了陪酒女郎外，还有穿制服的小伙在席间服务。我们桌上的陪酒女郎大约十八九岁，眉清目秀，仪态大方，胸前还插了个小巧的携带电话，看来应酬不少。我在电视上看到的一些陪酒女郎和客人浪声浪气、打情骂俏，可这儿的陪酒女郎都十分正经，有时还显得很拘谨，让她倒酒她才倒，请她喝酒她才喝。

后面桌子上的一些老同学们一边喝酒听卡拉 OK 演唱，一边热烈地叙述着交谈着。我们这个桌子热闹不起来，加拿大的女士一句日语不会说，我又说得不好，其他的人也说得不太多，只是相互交换了一下名片，说着简单的客气话。这时我想起了我的同学，我们的同学会。我的同学可以说有三拨，一拨是初、高中的同学，俗称“老三届”，几乎每年都聚一聚，大都是在有同学调离喀什或有同学来喀什出差时大家在一起为他（或他们）送行洗尘。在我来日本之前，他们也为我送行，还给我送了礼物，在舞厅举办了舞会。同学情谊深长，我时时想起难以忘怀。一拨是再教育时的同学，每年春节前举行一次聚会，相谈也大多是再教育艰苦年代的一些趣事。这中间有人已过早离开了我们。一想起这些，很有些人生如梦的感觉。还有一拨是大学时的同学，因为分得比较散，所以聚一次很不容易。每聚一次发现大家变化都很大，有人当了地师级干部，有人当了教授副教授，真有些“士别三日当刮目相见”的感觉。

喝了酒以后，大家情绪上来了。这时卡拉 OK 已经结束，随着一阵鼓声，一群身着三点式的舞女跑进会场，一部分站在台上，一部分站在座席中间的台子上，随着迪斯科舞曲有节奏地扭动着身体。那光怪陆离的灯光，跃动柔美的曲线、激动人心的乐曲，将会场气氛带向了高潮。酒是个奇怪的东西，它可以使人忘乎所以。气氛比酒还厉害，它可以使平时正经八百的先生丢掉斯文。人们一边兴致勃勃地观看舞女们的表演，一边还随着乐曲打着拍子，发出欢呼声。有人跑到台前，将 1000 日元的钞票卷起来插进舞女的乳罩里，舞女们扭得更起劲了。这时我发现，我身边的小田老师不知什么时候出去了。舞女们的表演约半个小时就退场了。现在宣布卡拉OK获奖名单。得奖者高高兴兴捧着奖杯和奖品回到座位上。

接下来是所有与会者抽奖。每个与会者的入场券分正券和副券，正券入场时已放入门口的纸箱里。这时主持人将这个纸箱放在台上，由一位小姐伸手进去随意一张张抽取，主持人接过去宣读上面号码，与会者和自己手中副券上的号码相对照，对上的就是获奖者。这时小田先生已回到座位，他帮我看号码，结果我们都没有中奖。去年也有抽奖活动，我同座一位企业的董事先中奖，将奖品送给我。我后来也中了奖，将奖品又回赠了他，结果是皆大欢喜。回家我打开奖品纸盒一看，是一个精致的咖啡壶。

最后是唱校歌呼口号。校歌歌词大意是：

北方都市里灿烂的星，
是年轻勇士的象征。
历史荣誉的创造者，
是追求真理的我们。
……
啊，北海，北海学园，
我们亲爱的母亲！

通过参加北海学园大学的同窗会，我觉得和国内的大学有所不同。国内大学的同学会、校友会一般都是同学和校友自发组织的，以联络感情为主；而日本的大学同学会、校友会很多都是由学校出面组织的，不仅联络同学之间、校友之间的感情，还联络了学校与校友的感情，密切了学校和社会的关系。校友是学校的宝贵财富，如果充分利用起来的话，不仅能提高学校的知名度，吸引更多的高中生报考该学校，而且能鼓励校友为学校办学提供方便、赞助资金。日本私立大学的资金来源除了政府补贴、学生学费以外，相当一部分来源于企业赞助，而企业赞助的相当一部分又是校友基于对母校的热爱而提供的。所以，办好每年一度的同窗会是学校的大事，学校主要领导都是要亲自出席并讲话的。

参加北海学园大学的同窗会还有一个感觉，就是他们对外国学者的尊重。

北海学园大学正门

我不是一个知名学者，仅是个普通的中国访问学者，在同窗会上受到如此礼遇，作为尊贵的客人对待，这不是我个人的事，而是表明中国在国际上的地位提高了，也表明日本私立大学有意识地正在向国际化的方向努力。

生兮死兮电视台

——日本的电视为什么生动活泼?

我对日本的了解三分之一靠亲身体验，如到公司打工，到农村调查，到学校上课，到街上去观察等；三分之一靠看书、查资料；三分之一靠看电视。起初由于语言障碍，电视看不懂，光看热闹。到后来慢慢看出了一点名堂，加上获得了一些各电视台围绕收视率竞争的幕后资料，终于明白了日本电视事业繁荣的原因，就是存在着激烈的竞争，用“你死我活”来形容一点也不过分。当然，也因为竞争引发了一些问题。什么东西都怕比较，让我们先从中国的电视说起。

改革开放的中国电视业

中国电视业诞生在“大跃进”年代，起初只有中央台，后来才有了几个地方台，但都处在计划经济体制下的“非营利”状态中，靠国家拨款过日子，很长一个时期内缺乏市场观念和竞争意识。那个时候由于有电视机的人很少，电视还没有成为主流媒体，所以人们对与此相关联的电视节目单一、内容单调、形式古板等问题也不在意。有个电视看就不错了，谁还会去苛求别的?

改革开放以后，大城市中拥有电视机的家庭逐渐增多，不过在边疆的一些城市，电视机仍是稀罕物。记得当年我家住在喀什市粮食局，单位买了一台电视机，在篮球场边上专门为它用砖砌了一个柜子，白天锁着，晚上打开。一到晚上吃晚饭，家家户户搬上小凳子就到篮球场占位子，看新闻联播。尽管屏幕很小，人很多，但一个个兴致很高。不过这种情形很快就过去了，一些家庭开始自己买电视机。先是黑白的，后是彩色的，最后又是遥控的。看电视逐渐成了人们家庭生活的重要组成部分。

随着电视受众的增加，电视台也开始利用这个资源。得风气之先的上海电视台率先于1979年播出广告，闯出了一条用时段换金钱的经营之道，引得其他电视台纷纷效尤。不过这一时期各级财政拨款还占很大比重，以广告经营为先导的电视业的市场经营仍处在学步阶段，电视台对观众的需求、爱好仍不十分在意，电视业仍然是那种“我播你看”的“传播者本位”，人们还没有听说过“收视率”这个词。

然而，改革开放不仅带来了经济领域的深刻变革，也从根本上改变着人们对报纸、广播和电视等媒介的认识角度，促使人们重新审视新形势下媒体的性质及功能。于是听众、观众的反映开始受到重视，“受众”、“意见反馈”、“收视率”这些词也逐渐被人们了解。1982年，首次全国性读者、听众、观众调查大规模进行，这是我国传播界直接借鉴西方传播学研究方法的最初尝试，由此引发了日后新闻传播界特别是电视界为了解观众和传播效果所开展的一系列调查。

但是，这时候人们仍然没有将收视率和广告联系在一起，收视率调查看起来更像是电视界内部的自我反馈行为，而不是一种调节电视台、广告商和广告主之间市场关系的措施。这其中的一个重要原因是观念问题，有人认为“收视率”是资本主义的东西，是资本家攫取商业利润的工具，追求收视率会使电视步入歧途，必须加以批判和抵制。另一个原因是体制问题，电视台都是国营的，其分布呈现一种从中央台到省级台、到地市级台的金字塔结构，财政没有“断奶”，生存没有压力。

1992年邓小平南方谈话发表后，新一轮解放思想热潮骤起。社会主义市场经济体制的进一步确立，推动着电视业改革向纵深发展。央视调查咨询中心成立，广播电影电视部推荐使用全国电视观众调查网收视率数据，国家缩减甚至取消了对电视台的经费资助，再加上各省级台纷纷上星，成为全国性电视台，观众和广告商选择空间不断扩大，全国性的电视市场的激烈竞争局面终于形成。企业为了提高知名度，当然愿意选择收视率比较高的电视台做广告，于是电视时段交易就由卖方市场向买方市场转移，广告压力迫使各电视台不得不重视收视率，不得不认真研究观众，以增加与广告商对话的筹码。

这时有关收视率的争论依然存在。有人认为收视率只反映了经济效益，不能反映社会效益，追求收视率会引起政治导向问题。但更多的人认为，社会效益与经济效益并不对立，如果不考虑观众的反映和时段编排等因素，一档收视率很低的节目很难有什么社会效益。况且，对社会效益的评价，多数情况还是凭经验和直觉，很少量化或可操作化。以通常的“叫座”与“叫好”二维标准来看，谈到“叫座”时，我们会想到观众；谈到“叫好”时，我们眼里就只剩领导和专家了。其实无论“叫座”也好，“叫好”也好，都应该更重视观众的分量。当然，我们也不是片面追求收视率，只是要摆正收视率的正确位置罢了。

在正确的思想指引下，我国电视业进入繁荣发展的时期，各电视台围绕收视率的竞争激烈开展，中央电视台一统天下的格局被打破，凤凰卫视、湖南卫视异军突起，电视节目日益丰富多彩，呈现百花齐放的局面。不过，人们的欣赏水平也在不断提高，电视事业总也无法满足人们日益增长的文化需求。在这种情况下，中国电视业必须要借鉴国外电视业、包括日本电视业发展的宝贵经验，不断改革和创新，以更加吸引人的电视节目，更高的收视率，迎接中国电视业发展的新阶段。

竞争中求发展的日本电视

日本电视起步于50年代初期。1953年2月1日，日本放送协会（NHK）电视台正式播放之后，刚开始五年电视的发展还十分缓慢，电视机的普及率仅上升20%。然而这之后的五年，电视就以惊人的速度开始普及，从中央到地方，从高所得层到中间所得层，接着扩展到低所得层。现在没有一个家庭没有电视，而且电视机的更新换代速度不断加快，从黑白电视到彩色电视，从不带遥控器的到带控器的，从小屏幕到大屏幕，从模拟电视到数字电视，才短短几年功夫。我在日本生活了两年，看到街头垃圾角一到两周一次的固定时段，就经常堆放着被淘汰下来的电视机，当然还有别的家用电器。很多留学生都不买电视机，需要了就去捡一个，回国时再丢掉就行了。

不仅电视机的普及率高，而且人们看电视的时间也长。NHK 放送舆论调查所每隔 5 年对国民生活的时间分配情况进行一次调查。根据 1960 ~ 1975 这 15 年的对比资料可以看出，人们每天看电视的时间增多十分明显。1985 年电视的行为者率为 95%，这个数字表明，95% 的日本人每天至少看一次电视，电视已成为日本国民日常生活中不可缺少的一部分了。这些电视行为者的平均视听时间是平日将近 3. 5 小时，节假日则可以达到 4 个小时。家庭中的余暇时间几乎都被看电视所占有。

电视的视听市场既然如此之大，各电视台之间围绕着收视率的竞争就十分激烈。国际上的电视广播体制大体分三类：一类是国营广播，例如前苏联、中国、埃及、印度等。这些国家的广播电视事业由政府经营，不以商业营利为主要目的，电视节目也是按照政府制订的方针制作。第二类是公共广播，如英国，这种广播的经费来源是征收信号接收费。客户接收信号，就要付钱，因此也不以商业营利为主要目的，但它独立于政府的管理，自行制作节目。第三类是商业广播，这种广播的经费来源主要靠广告收入，如美国，是以营利为目的的电视广播事业。除此之外，还有国营与商业同时并存的体制和公共与商业并存的体制。日本是公共和商业并存的体制。NHK 是公共广播，而各民间放送则是商业广播。围绕着收视率的竞争主要就是在民间广播电视公司之间进行。

日本有 136 家民间广播电视公司，单纯经营广播的有 33 家；单纯经营电视的有 67 家；广播、电视兼营的有 36 家。为了竞争的需要，以地区为基地的各民间广播电视公司以在东京的大公司为中心联合起来，组成了几个系列。比如 JNN 是东京放送系列，以东京的 TBS 为中心，与山梨电视台、静冈电视台、东北电视台、青森电视台、熊本电视台、长崎电视台、山口电视台等 25 个地方广播电视台订立了契约，在播放消息、制作节目等方面相互提供便利条件。这样的系列全国共有 4 个。为了竞争的需要，日本的电视台和报纸也联合起来，在播放消息等方面相互合作。例如北海道两个电视台 STV 和 HTB 就分别和读卖新闻、朝日新闻建立了这种合作关系。

由于民营台的生命依赖于广告收入，而广告收入取决于收视率，即电视市场占有率，每 1% 的收视率之差便意味着收看该台广告的观众出现百万人的增减，于是收视率便成了各电视台的生命线。日本有专门的收视率调查公司，采用“感知器＋计算机”的运行方式，能及时将每个台每个节目的收视率报告给电视台和广告商。具体办法是：首先根据统计理论无差别地抽出“标准世带”，即收视率的调查对象，为他们的电视机装上特殊的感知器。这个感知器能将该电视机的频道选择通过数字回路以秒的速度传送到信息处理中心的电子计算机。计算机很快就会将收视率信息传送到各个电视台、制作公司、广告代理店和厂商。有时电视台就会将正在播送的节目的收视率是多少用字幕打在电视屏幕上以示炫耀。厂商和广告代理商便根据这个信息决定他们的广告做在哪个台更划得来。

为了提高收视率，各个电视台展开了激烈的竞争，这对电视事业的繁荣是十分明显的。首先，电视台播放的新闻更加及时准确。日本电视台记者为了抢新闻真是不遗余力，我们从电视上常常看到很多记者为了抢新闻、等新闻，冒着严寒酷暑在调查对象门外安营扎寨一住就是几天、十几天。调查对象一出现更是蜂涌而上，闪光灯一闪一闪，问话一个接一个。也许有人会说同样的新闻那么多记者去抢不是资源的浪费吗？其实每个记者都会有不同的角度和态度。在报道奥姆真理教的大会战中，有人在众目睽睽之下执刀杀死了奥姆真理教的一个干部。多数摄像机都没看清这个突发事件是如何发生的，只有一台摄像机将凶手的拔刀、捅刀和丢刀动作完整地拍了下来。试想如果没人去抢镜头，恐怕人们连谁是凶手都搞不清楚。

其次，竞争使各个电视台的节目更加生动活泼、贴近生活。提高收视率的过程其实就是迎合观众需要的过程。观众劳累了一天，需要轻松活泼的节目，和他们更贴近的节目。有一个叫《头脑力》的节目很受观众欢迎，它每周一次将许多节目主持人召集起来做游戏，优胜者有奖，寓教于乐，很有意思。日本电视台的节目主持人都很幽默，很会调侃。有些比较严肃的节目，比如有个台每周一次的发明比赛，它也由两个笑星主持，不时说些笑话，活跃会场气氛。

第三，竞争使得各电视台竞相发挥自己的优势，逐渐产生合理的分工，能满足不同层次视听者的需要。NHK 的节目比较正统、严肃。国会辩论、传统剧目、教育艺术、时事评论等观众不多的节目多在这里播出，它反映了国家的态度和声音，为上层社会所看重。其他一些民营台则八仙过海，各显其能，在不同的领域发展。

当然，无节制的竞争也会产生一些副作用。1994 年 9 月 27 日，富士电视台报道中心正准备在《超级时间》报道一条超 A 级新闻——“里库路特事件”中被以受贿罪起诉的前官房长官藤波孝生，在今天的东京地方法院一审判决中被宣告无罪！“里库路特事件”是导致自民党单独政权倒台的具有历史性的丑闻，检查官们重点咬住藤波孝生这个政治巨头，前后花了五年时间才将他拉上被告席，却被法官宣告无罪，这势必在国民中引起巨大反响。《超级时间》的编集长（相当于编辑部主任）泽雄二围绕这个爆炸性新闻已经做好了一切准备，只等着 6 点钟的钟声敲响了。他相信，别的电视台也同样把“藤波无罪”的新闻放在第一位置的。

但在这时出现了新情况。车祸后一直逃避记者追踪的著名节目主持人他开西突然在上百名记者包围下露面了！两个月前，他开西酒后开摩托车出事故头部受了重伤，其治疗恢复状况随时都是新闻界最抢手的消息。无论是对他喜爱还是厌恶，人人都在谈论他的死活和未来。现在他从国外治病回来了，在机场上给记者展现的是一个可怕的形象：大量失血使他面色苍白，面部神经麻痹使他半边脸不时抽动着，嘴巴歪斜偏向耳边，一只眼睛还遮着纱布，再也发散不出往常色欲凶悍的光彩。但他依然努力着想说两句笑话。这是个勇敢的艺人，把自己可怕的形象暴露给广大观众，这需要极大的勇气。

当他开西记者会见的磁带转过来后，泽雄二思想上展开了激烈的斗争。从视听者的立场出发，他开西的露面无异是大家最关心的事情。用他的图像打头，一定会获得极高的收视率。因为电视基本上属于感性的媒体，电视新闻的原则是映象，而映象的原则就是感性。但是电视更应该是理性的世界，光凭感性出发，新闻就有偏出轨道的危险。从理性上判断，最后一系列政治变动的根源在于金钱与丑闻，而其中一个大基点又在于“里库路特事件”。这是过去、现在复合性消息，“无罪判决”必将引起人们的深思：司法究竟能否在政治面前施行自己的职责？在感性和理性发生矛盾的时候，作为国营台如 NHK，它可以也应该将理性放在第一位，尽管人们感到它的报道在亲切感和活泼性上欠缺一些，但毕竟是强调伦理的正确传播，收视率并不是它的生命线。但对于私营台来说，必须将感性放在第一位，因为收视率是关系到电视台生死存亡的大事。于是，泽雄二终于做出决定：“将‘滕波判决’放在头条!”

6点钟到了，其他几家私营台都将“他开西会见”作为头条新闻，只有NHK电视台将“藤波判决”放在了头条。而在晚上11点时，则将“他开西会见”放在了头条。就这样，该节目主编还一直为“他开西会见”时间短而遗憾：“要是再多加上那么30秒……”显然，他们在这场收视率大战中打了败仗。

在这场大战中，一贯以严谨著称的IBS电视台的名牌新闻节目《NEWS之森》居然也在头条使用了“他开西会见”，这在电视界和评论界引起了轰动。原来，《NEWS之森》的主编在电视收视率之战中总结了经验教训，学乖了。半年前有这么件事：快到黄昏的时候，从宫泽理惠那里传来了记者会见的消息。宫泽理惠是日本影星，两个月前刚刚和著名相扑运动员贵花田举行过订婚记者招待会。当时人山人海，有的电视台甚至愿意出4亿日元取得他们婚礼时的独家实况转播权。而今，这一对都以裸为业（理惠是脱星，相扑在比赛时近于裸体）的明星感情已经破裂了，人们都想知道其中原因，于是这次记者会见就显得特别重要，数台电视转播车和几百名记者呼喇一下涌向理惠指定的高级饭店。宫泽理惠之所以选择这个时候，也是冲着各个电视台的《六点钟新闻》来的。

当时《NEWS之森》主编平本和生十分正统，他感到自尊心受到极大损害。在他的信念中，一个演员的个人悲欢是绝对不允许进入“头条新闻”这个神圣领域的，而《NEWS之森》之所以成为名牌新闻栏目，靠的不就是新闻职业者纯洁而高尚的责任心吗？他想把“日美摩擦”作为当日新闻的核心。但是，他遭到当天的编集长的强烈反对。理由很简单：在视听者看来，理惠和贵花田的破裂比日美摩擦重要一百倍一千倍!

最后他们达成妥协：用“理惠会见”的实况新闻开场，然后切回到“日美摩擦”上来。结果，由于“理惠会见”用的时间短，随时传来的收视率调查宣告了IBS电视台的惨败。一个年轻的电视记者直视着主要责任者平本和生的眼睛，恶狠狠地冒出一句：“你们当头头的，应该去换换脑子了!”事后，平本和生专门写了报告《宫泽理惠占领电视的一天》："这一天，我一辈子也忘不掉!"有了这次教训，半年后在选择"他开西会见"还是"藤波无罪"时《NEWS之森》自然选择了前者。

无节制的收视率竞争不仅导致电视台将"他开西会见"和"理惠会见"这样的新闻放在第一重要的位置，而且也使得一些电视台不顾职业道德造假新闻以创造高收视率。1993年底，朝日电视台在每周六晚上6点开始的王牌节目中播出了一个大特集《死刑犯人脏器贩卖——潜入中国刑场的追踪报道》，主要内容是：(1) 中国的死刑执行；(2) 火葬场——死囚家属的痛哭；(3) 自称身在现场的武装警察的证言——该死囚的内脏已被强行摘出并提供于病人的脏器移植手术。

第二年1月，中国政府向朝日电视台正式提出抗议，指出节目内容与事实相悖。主要证据是：(1) 被报道成武警军官的人是假的；(2) 火葬场痛哭的人并非那名死囚的家属。还沉醉于收视率居高不下的朝日电视台立即展开调查，原来这是购入一个约十个人的小型电视制片公司的节目。该公司经理说预定演出的武警军官"临阵逃脱"，所以只好让一位民间人士换上警服。而"死囚家属"的问题他们无法解释。

1994年3月5日，朝日电视台不得不承认了自己的错误。该节目主持人公开向中国方面和观众表达谢罪之意，并对记者表示："我们已与那个电视制片公司脱离了任何关系"——也就是说，该公司已不可能在朝日电视台得到一分钱了。无风起浪哗众取宠的猎奇心理和新闻工作者对自己"再现事实"能力的盲目自信，最终不可避免地造成了电视中的虚假表演，评论界称之为"自杀行为"，其根源乃是激烈的收视率竞争。朝日电视台说他们对这个节目从计划到制作完成都没有介入，但为什么将这部片子高价买来在电视上放，这难道不是为了提高收视率吗？归根结底还是金钱在作怪。

日本新闻界在第二次大战中，受到严格的审查制度的限制，无自由可言。战后，新闻自由开始得到法律的保护。为了使新闻单位在自由界限的基础上进行自我制约，1946年7月成立了日本新闻协会，同时制定了"新闻伦理纲领"。到1955年，又进行了修改补充。从那时起，四十多年过去了，除了各报社之外，通讯社、NHK和各民间电视广播公司都成为协会的会员。新闻伦理纲领是由七条款项组成：新闻自由，报道、评论的界限，评论的态度，公正，宽容，指导、责任，自豪、品格。这就是说，为了提高新闻报道的职业道德水平，所有从事新闻工作的人员都要贯彻执行这个伦理纲领的精神。但是，为了提高收视率，总是有人违背这个精神，违背职业道德，片面迎合视听者的需要，制造一些假的新闻、黄色的东西，使电视业受到污染。

对中国电视业的启示

尽管日本电视业为了提高收视率产生了一些负面的东西，但仍有很多地方值得我国电视业借鉴。其中一点就是它的收视率的测定比较科学和客观，采用“感知器+计算机”的运行方式，能迅速将每个台每个节目的收视率报告给电视台和广告商。我国电视收视率的测定主要是通过电话调查的方式，信息反馈不及时不说，单是其科学性和客观性就令人怀疑。

2008 年央视的春节晚会播出后，央视市场研究 CTR 在第一时间公布了对春晚收视的电话调查，称全国有 96.5% 的家庭观看了央视春晚，而 AGB 尼尔森调查机构对上海、杭州所做的调查显示，两地春晚的收视率仅为 17.4% 和 19.3%。（《新民晚报》2 月 16 日）两组不同的数据，到底让人信谁的呢？显然 CTR 的数据不可信，自己调查自己的收视率，能不说高点吗？难怪近年来媒体上每年都有对春晚收视率质疑的声音。不过，不仅是央视有这样的尴尬，有人留意过北京三家电视频道同一时段 A、B、C 三档新闻专题的收视表现，也发现了问题。比如，其中某个季度，央视索福瑞的调查分析排名为 A、B、C，而在 AGB 尼尔森媒介研究的排名则是 C、B、A。同样的节目、同样的时间段在不同的调查中却有着不同的排名，这就让人奇了怪了。要么，两种调查中必定有一个掺了水；如果两个调查都是客观的，那只能说明现行的调查方法不科学。解决这个问题的办法只有一个，就是日本的“感知器+计算机”的运作模式，由独立的机构承担这项工作，让电视台和广告商对收视率有个客观的认识，为它们的科学决策提供有说服力的依据。

再一个问题是我国电视业受限制太厉害，影响了“百花齐放，百家争鸣”方针的落实。比如，2008 年 5 月 12 日，我国四川大地震牵动全国亿万人民的心，中央电视台和各地电视台对抗震救灾进行了大篇幅的报导，这对鼓舞灾区人民的士气和凝聚全国人民的向心力有重要的作用。但在一段时间内中央电视台和各地电视台播放的内容全是抗震救灾，没有别的内容，这就有问题了。当然有关部门的用心是好的，电视业要为党和政府的中心工作服务，但实际效果并不是最佳的。灾区人民需要什么？不仅是党和政府以及全国人民的热心帮助，也需要自己有一个心理治疗和恢复的过程。心理学家告诉我们，在心理治疗和恢复过程中人们不能总看抗震救灾的节目、总提抗震救灾的话题。如果能放些别的节目转移他们的注意力，让他们把灾难忘掉最好，这样才能使他们迎来灿烂的明天。据报导，在灾区的某个灾民安置点，心理学家为了让灾民暂时忘却丧失亲人的痛苦，没有打开电视机而是让放映队放映了武打片电影。心理学家认为，武打片没有大喜大悲，没有太复杂的故事情节，对稳定灾民的情绪有很大的帮助。即使对非受灾地区，电视台也不应该全是抗震救灾的内容。5 月 19 日上午 9 点，家住乌鲁木齐新兴街建银小区的 7 岁小朋友明明就对妈妈说："妈妈，我不想上学了，万一楼房塌了怎么办?"明明每天放学都和父母关注灾区的最新进展，以往喜欢的动画片也没得看了。明明的父母原来以为明明看电视时少有的安静是被灾情画面感动所致，直到这时才发现孩子的心理受到了影响。

第三点是中国的电视台垄断机制使得电视台与电视剧制片公司的交易很不公平，影响了我国电视剧的发展。曾经导过《四世同堂》、《渴望》、《编辑部的故事》、《北京人在纽约》和《金婚》等优秀电视剧的我国著名导演郑晓龙对这种现象深有体会，他在中国电视诞生 50 周年时说："中国的电视台垄断机制，使得电视台与电视剧制片公司的交易极不公平。制片公司只能靠着蝇头小利维系再生产。电视剧收益得不到保证，就通过压低成本的方式来缓解，长此下去就会形成恶性循环。因此，希望管理机构能够给予电视剧创作更多的关注。"他的讲话代表了很多电视剧制作者的心声，指出了我国电视台垄断机制的弊端所在。

救兮扶兮贫困者

——日本社会为什么很稳定?

“市场管效率，政府管公平”，这是经济学界达成的一个共识。政府为什么要管公平？这是因为存在市场失灵，即市场本身存在不能有效配置资源的情况。在这种时候，政府只有出面来负责公平事务，包括扶持贫困地区、贫困行业和贫困人口。扶贫工作在任何国家都是必要的。

扶持贫困地区

北海道在日本属于贫困地区，一百多年前还是个人迹罕见的荒岛，后来政府派屯田兵去开拓，并在人力、财力和物力等方面进行了大力扶持。据资料介绍，日本政府公共事业费当中，每年用于北海道的开发事业费就占11%左右。中央政府中还有一个专门机构负责北海道和冲绳的开发工作。

相比日本的其他地区来说，北海道可谓物产丰富，地下有煤炭等多种矿产资源，而其他地区的资源则十分贫乏。为什么自然资源比较丰富的地区相对贫穷落后，而自然资源十分贫乏的地区却比较富裕发达呢？或者我们把范围更扩大一些，为什么自然资源比较丰富的国家如非洲很多国家比较贫困落后，而自然资源十分贫乏的国家如日本，却十分富裕发达呢？

一个国家和地区要想发展，要有很多企业来支持。企业多，吸引的就业人口多，纳税也多，经济就发展；企业少，吸引的就业人口少，纳税也少，经济就落后。资源丰富本来是吸引投资的一个很好条件，比如石油蕴藏量大，会吸引投资商来建油田、炼油厂；煤炭蕴藏量大，会吸引投资商来建钢铁厂、发电厂等。但是，当今世界工业布局正在发生或已经发生巨大的指向性变化，一些过去是原料燃料地指向的重要传统部门转变成了消费地指向，从而使自然资源产地失去了吸引力。这是为什么呢？

第一，由于加工工业技术的进步，一些失重原料在加工过程中可以将其中越来越大的一部分转化为成品，这就使得一些原来的地方失重原料逐渐转变成地方纯原料。原料指数下降，原料地的吸引力就减弱了。例如在石油工业中，早期的炼油厂要排出大量废气、废渣，只有原料中的一部分可以转化为石油制品（所谓失重），因此它在布局上有着较强的原料地指向。但近年来，由于催化裂化技术的进步，特别是冶炼与石化工业可以结合起来组成联合企业，从而可以将原油几乎全部转化为数百种产品，没有一点浪费的东西，这样就使原油成了纯原料。由于原油易于运输，而成品则难以运输，于是厂商宁愿把炼油厂建在靠近石油消费地，而不是产地。石油工业是个巨大的工业部门，它的布局的指向性改变对世界工业布局的影响是很大的。

第二，由于加工技术的进步，许多失重原料即使不能成为纯原料，经过初加工后也接近于纯原料，从而大大降低了用它来进一步加工的工业原料指数值，削弱了原料产地对加工工业的吸引力。例如，很多发达国家的铁矿经过长期开采，富矿已经接近枯竭，开采矿石的品位越来越低。美国最大的梅萨比铁矿现在开采的矿石平均品位仅达到25%。这样本来会增大原料指数，增加铁矿产地对钢铁厂的吸引力，但由于选矿、造球技术的进步，贫铁矿可以经过初步加工变成含铁量达到65%以上的球团矿，完全可以经历长距离的运输，把它运到消费地去供发展钢铁工业之用。这就使得铁矿产地对选矿、造球以外的其他钢铁生产过程失去了吸引力。

第三，随着运输工具、运输道路等条件不断改善，运费率普遍下降，但下降最快的是那些运量大、装卸方便、途中不易腐败损坏的原料燃料的运费率。而制成品则因产品种类日益增多，交货批量少，装卸不便，途中损失大，运费率下降缓慢。这就使得投资商宁愿运原料而不愿运成品，从而增大了对消费区的吸引力。

第四，由于现在一些骨干厂的规模越来越大，耗用原料燃料也越来越多，这就使得一个地点的原料燃料往往难以满足需要。原料和燃料产地分散，而消费地集中，就会加强消费地的吸引力。此外，很多原料燃料是不能再生的，总有枯竭之日，如果把工厂布局在原料燃料产地，一旦当地资源枯竭，工厂的存在就成了问题。而消费地的消费则很少自己消失，甚至还可能不断增大。

第五，现在企业的发展越来越依赖于人才和技术，如果企业设在资源产地，而资源产地往往生活条件艰苦，不利于吸引人才，还会给投资商本身带来诸多不便。而企业若设在消费地，这些问题就很容易解决。这也是资源产地吸引力减弱的一个重要原因。

第六，企业的兴衰越来越取决于产品是否适销对路，这就使得投资商更倾向于把工厂布局在消费地，因为这样可以和消费者建立密切联系，随时了解瞬息万变的市场信息，以便进行产品结构的调整。

第七，企业建在消费地还有一个好处，就是消费地可以就近从回收的废旧物资中得到越来越多的原料供应。例如美国炼钢业中耗用的废钢占到45%，这就大大减弱了资源地对钢铁业的吸引力。

第八，目前在机电工业中，产品轻型化、小型化的趋势越来越明显，即用重量轻、体积小、但生产能力更大、效率更高的机器代替那些笨重的、效率低的机器，以节约原材料、能源、劳动力和工厂用地。如丰田等多家汽车公司通过改善汽车设计，以轻型优质材料代替质量较差的材料，把小轿车重量由1400多千克减为1000多千克，以省油、降低成本。其结果是大大减少了原材料成本在产品成本中的比重，削弱了原材料产地的吸引力。

由于以上种种原因，使得很多地区和国家的资源优势很难转化为经济优势。北海道虽然资源丰富，但人口较少，缺乏人气，所以对投资商缺乏吸引力，经济发展就要相对落后一些。这个问题通过市场是很难解决的。市场只能使贫困的地区更加贫困，富裕的地区更加富裕，两极分化更加严重，即有所谓的“马太效应”。所以，北海道需要中央政府的扶持和帮助。经过中央政府多年的努力，现在北海道和其他地区的差距已经很小了。我去过北海道的很多地方，也到过东京、京都、冈山、大阪等地方，发现北海道从城市建设到居民消费，和其他地方没有多大差别，很难看到贫困落后的痕迹。

札幌市是北海道的首府，现在是个有几百万人口的新兴现代化城市。城市规划方方正正，像个棋盘。当年开拓使参考模仿了唐都长安修建而成的京都的街道布局，将市区划分为四个区，规定了每个区的大小和街道宽度。现在札幌市街道很宽，街道两边高楼林立，绿树成荫。中央政府资助的款项主要用在了公共设施的建设上，所以札幌市交通也十分发达，仅地铁就有南北线、东西线和东丰线三条线路。札幌市的地铁有两点与别的地方不同：一是在市中心地铁站旁边是很大的地下街道和商店，一到冬天地上冰天雪地，人们就钻到地下，使这里热闹非凡，充满了春天的气息；二是这里的地铁车轮都是橡胶的，行走起来噪音很小。住在札幌市的人们也很满足。我问过一些大学老师，他们是不是安心在北海道工作？他们说这里很好，没有想过要去别的地方。

札幌市地铁

日本虽然国土面积小，资源贫乏，但人口密度比较大，很有人气，是个巨大的消费地，因此对投资商很有吸引力。这是它富裕发达的一个重要原因。但作为一个国家来说，它对资源国的依赖性过大，这是个不安全因素，因此日本人的危机感和忧患意识也比较强。

扶持贫困行业

在行业和行业之间，农业相比工商业来说是贫困落后的，是个弱势行业。农业创造产值的效率是比较低的，仅及商业的1/10。在日本，仅三菱商事2万多职员所创造的产值就相当于日本20万农民所创造的产值。所以，农业需要政府的扶持。如果没有政府的扶持，日本的农业早就破产了。那么，政府怎样做才能起到扶持农业的作用呢？这就要从农业为什么贫困落后，为什么光依靠市场没有办法翻身来说起了。

首先是因为农产品是生活必需品，它的需求既缺乏价格弹性，又缺乏收入弹性。缺乏价格弹性是说，即使农产品价格下降很多，人们对它的需求量也不会有太大的增加。一个人每天就吃那么多粮，不能因为价格便宜了就多吃一些。缺乏收入弹性是说，即使人们收入增加了很多，对农产品的需求量也不会有太大的增加。这里有个恩格尔定理，是说随着人们收入的增加，食品费用在收入中所占的比重会越来越少。农产品的这些特征说明农民是很难靠增产来增收的，因为增产了，供给增加了，而需求很难相应增加，价格就会下降，就会出现“增产不增收”的情况。

有人说，我们不能想办法维持农产品有一个最低价格吗？比如说政府出面，在农产品丰收时买进，农产品歉收时卖出，通过控制农产品供给来维持农产品的最低价格。这当然是个办法，在经济学里叫“支持价格”。但这样有一个负作用，就是在农产品的生产者和消费者的竞争当中，本来政府应当充当中间人、调解者，现在站在了生产者一边，就像比赛中裁判下场帮了一方一样，有失公正和公平，消费者会有意见。

其次是因为农产品市场是一个完全竞争的市场，在这个市场上有很多生产者，每个农户都是一个生产者，他们每个人的产量在市场上所占的比重都微不足道，所以他们谁也没有左右价格的能力，他们只能被动地接受既定的市场价格。农产品增产了，价格下跌了，他们毫无办法，反而促使相互间更加激烈地杀价，你卖1元，我卖8角，于是农产品价格越来越低，农民收入就更受影响了。

有人会说，农民们不能组成价格同盟吗？联合起来维持一个最低价格。这话说说容易，要做到很难。这一方面是因为农产品生产者人数众多，他们又很分散，要想把他们凑到一起达成一个一致的协议需支付高昂的交易成本，并且这种交易成本不是一次就能支付清楚的，市场在不断变化，他们要不断协商，交易成本就要不断支付。另一方面是因为他们都是经济人，都想着“搭便车”，即让别人去争取，自己坐享其成，因此愿意挑头组成价格联盟的人很少。即使达成了协议，也会有人为了自己的私利率先违反协议，使这个协议最终成为一纸空文。

所以说，农产品本身的特征，即它的需求缺乏价格弹性和收入弹性，和农产品市场的特征，即它是完全竞争的，这两个特征结合在一起，就使得农业经常会“增产不增收”，农民要想富裕起来还得想别的办法。

那么，农民通过科学种田、改良品种、降低成本等办法能不能致富呢？个别农户可以通过这些办法在短期内赚到钱，但我们谈的使农民富起来指的是农业这个行业、农民这个整体。由于农产品市场是个完全竞争市场，个别农户通过科学种田、改良品种、降低成本赚到了钱，别的农户就会纷纷仿效，结果就会导致农产品价格下降，于是成本下降的好处就通过市场竞争很快转移到消费者身上，个别农户不能长期获益，其他农户也难以实现共同富裕。

现在只剩下两个办法：一个是城市化，一个是合作化。城市化能使很多农户放弃农业从事别的行业，留下的农民可以耕作较多的土地，实现规模经济；合作化就是把农民组织起来，改变农产品市场完全竞争的性质，提高农民在农产品价格形成中的谈判能力。

在城市化方面日本政府做了很多工作。在1965～2000这35年时间里，日本农民大大减少，1965年从事农业生产的劳动力为1200万人，农村人口为3400多万人，还占人口总数的1/3；但到2000年，从事农业生产的劳动力降为382万人，仅占日本全国总就业人口的4%。由于农民人数减少，土地集中程度大大提高，经营面积在0.5公顷以下的农户由1985年的1845031户下降到了1998年的556500户，下降了将近70%；经营面积在5公顷以上的专业农户，从1985年的19310户上升到1998年的41350户，增加了近117%。

在合作化方面前面已讲过，日本政府鼓励和支持日本农民加入农协，农协的作用在日本农村随处可见。农民在农协里只从事农产品的生产，而农产品的加工、运输和销售都由农协负责。全国农协是一家，在农产品价格谈判中自然具有优势地位，所以日本农产品价格是有保证的，不会出现“谷贱伤农”的情况。我刚到日本的时候，看到超市里西瓜5000日元一个，吓了一跳。想想在新疆，西瓜几角钱一斤，成袋子往家里背，口渴了或来客人都不用倒茶，随便把西瓜切成两半，一人一半用勺子挖了吃。惬意是惬意，但农民的劳动也太便宜了点。不过在日本不是所有农产品都有最低价格的限制，他们只限制了两项：大米和牛奶。大米是日本人的最爱，日本人在饭馆里没有吃米就等于没有吃饭；牛奶是日本人的新宠，据说日本人平均个头长高了几厘米，就和全民喝牛奶有关。大米和牛奶的最低价格一限定，其他农产品价格就有了比照，有了保证。

由于日本农民实现了城市化和合作化，所以日本农民基本实现了共同富裕。据2000年农林水产省的普查数据，日本以农为主的兼业农民家庭的平均年收入为881万日元，而东京都内城市居民家庭的平均年收入为766万日元。农民在住房、车辆、旅游、休闲娱乐等方面的消费水平，实际都高于城里的中低收入者。日本农民的储蓄额也较高，2000年每家农户平均储蓄超过3000万日元。当然，日本农民也不是一点都没有苦恼，他们最担心的是在外国压力下政府调整对农业的保护政策，外国农产品大量进口会冲击国内农产品市场，使农产品价格下跌，日本农民就没有好日子过了。我在札幌郊区的田野上看到有农民拉的大幅标语“坚决反对国外农产品进口!”，那是在选举季节给开着车到处拉选票的政客们看的。

扶持贫困人口

上面我们说了日本政府为什么以及怎样扶持贫困地区和贫困行业，经日本政府努力，这些地区和行业已经改变了贫困落后的面貌。贫困人口也是一样，如果政府不扶持，他们将面临生存危机。日本政府在扶持贫困人口方面也是做得不错的，其经济制度可以说是一个保护弱者的经济制度，政府许多“规制”都是为了保护弱者的利益、实现经济上的公平而制定的。

札幌市某幼稚园的孩子们进行跑步比赛

对一般人而言，儿童、老人、残疾人和病人是弱者，因此政府为他们提供了大量福利以改善他们的处境。政府设立了基本生活保障系统，其宗旨是保证人民的最低生活标准。如果有人不能维持基本的生活需要，这个系统便在若干方面伸出了援助之手，如生活费用、教育、住房、医疗、生养小孩、雇佣、葬仪等方面，政府根据家庭经济情况，向有上述一种或几种困难的家庭发放救济款。据统计，每1000个札幌市民中就有22人接受了这种救济。

在日本，少年儿童享受着很多福利服务，如入托、上小学、初中，学费都是全免的，学生中午还免费享受一顿午餐。日本的义务教育是政府的义务，不是家庭的义务，家长只是享有权利。我认识的几位中国留学生，他们的孩子都送到了当地学校学习，不要学费还管一顿饭，减轻了他们不少负担。孩子刚去因语言障碍学习吃力，老师还进行个别辅导，使他们能很快跟上其他学生，融入集体当中。现在很多孩子的日语都说得很好，家长反过来担心他们忘了母语，在家里只说中国话。

日本对失去父亲的孤儿寡母也有很多照顾，各地都有专门的基金，对这样的母子（母女）家庭进行救济。当孩子20岁以后，可以参加工作了，母亲虽失去了母子家庭救济，但可申请寡妇福利基金会的补助。各地方还设立了专为母亲服务的咨询服务和短期职业，使希望外出工作的母亲减少就业障碍。在札幌有很多儿童公园，在那你可以看到不少母亲带着孩子玩耍，那温馨和谐的气氛令人感动。

日本对老人的福利也是很多的，根据社会福利政策，社会福利不只是面向生病的需要照顾的老人，也面向那些健康的老人。政府组织一些被称为“家庭生活援助者”的志愿者，每两天一次去探望那些低收入的孤寡老人和卧身病榻的老人，为他们打扫卫生、端屎端尿、问寒问暖。志愿者中还有一些专门的谈话顾问，每天两次打电话给孤寡老人，和他们聊天。对健康的老人则准备了丰富多彩的活动，如安排旅游参观和有趣味的轻微劳动等。政府还建有一些休养中心，老人可以去那休养和参加各种愉快的活动。我认识的一对留学生夫妇，单独住在一套很大的住宅里。原来这家主人是个日本老太太，她孤独一人在家没人说话，就去老人休养中心了，把房子免费让他们居住，也算是免费请了看门人。

日本政府对残疾人也是很照顾的，向他们提供交通费、导盲犬费、学驾驶汽车的费用以及维持个人生活的费用，还向聋哑人派手语教师。人行道上都有盲道，电视节目都有手语，公共厕所都有残疾人专用间。日本还有专为聋哑人服务的电视节目，我很喜欢这个节目，因为他说话慢，还有字幕，对学习日语的人很有帮助。在城市的一些繁华路段，十字路口都安装了使盲人能分辨的扩音设备，红灯还是绿灯用不同的鸟叫声来区分。对有能力并愿意参加工作的残疾人，政府为愿意安排他们工作的企业提供减税优惠。我在清扫公司打工时，那里就有一个腿脚有些不方便的年轻人，其实干活和其他人没什么区别，但公司因此可以减轻税负。

在日本推行全民健康保险，不论日本公民还是外国留学生都必须参加这个保险，每人只要交一定保险费，患病住院只须花 30% 的费用。保险费不是每个人都一样的，有钱的多交，没钱的少交。有一天，我无意中在我们老板桌子上看到一张保险费催交单，知道她每月要交 2 万日元，而我每个月只须交 2000 日元。后来我夫人也来日本，反而每月只须交 1000 日元就可以了，却能管我和妻子两个人。除了国民健康保险以外，学校、企业还为学生、员工提供一定住院补助。有一位留学生病了，我到医院看她，她告诉我她的住院费、医药费只须交10%，其余的除了国民健康保险负担70%以外，学校还负担20%。

在企业内部老板和雇员的关系上，雇员是弱者，所以政府和相关法律保护雇员的利益不受到侵害。日本企业实行终身雇佣制，雇主不能随便解雇员工，除非他有严重损害公司利益的不当行为。即使雇主已正式发出了解雇通知，雇员也可以通过工会或法院与雇主交涉，要求撤销解雇决定。电视上曾报导某公司的一名女雇员，因不服从公司调她到较远地方工作的决定而被解雇，她上诉法院，法院要求雇主撤回解雇决定并赔偿损失。

为了保护雇员的正当权利，政府限定了最低工资，如果雇主给雇员的工资低于最低工资，雇员可以到法院去告。由于日本农产品价格高，导致其他生活必需品和一般商品价格也比较高，所以日本的平均工资普遍高于其他国家。日本夏普公司曾对国内外工人工资收入进行了调查比较，结果是：如果日本是100，则美国是66，英国是32，韩国是24，马来西亚是10，泰国是6，中国是3.5。也就是说，中国的工资为日本的3.5%。你在日本干一天，相当于在国内干一个月。所以中国留学生，不论是公派的还是自费的，来日本以后都打工赚钱，这一方面能减轻高学费、高消费的压力，另一方面也想为以后回国创业打下基础。

对我们的启示

我国正在建设社会主义和谐社会。所谓和谐，就要公平，不能因两极分化使得贫困地区、贫困行业和贫困人口越来越贫困，从而产生不和谐、不稳定的因素。如果说改革开放之初我们将精力更多地放在效率上是形势发展之必要，那么现在在有一定效率的基础上更多地关心社会公平也是形势发展之必要。应该说政府在扶持贫困地区、贫困行业和贫困人口方面已经做了很多工作，取得了很大成绩，但因为我国在提升经济效率、提高经济发展速度方面的表现更加突出，所以就使得“马太效应”大大超过了各级政府的“扶贫效应”，形成了一道“贫富鸿沟”。目前国家承认的基尼系数已经超过国际公认的警戒线，达到了0.45。另据公布，仅在城市中，到2005年7月，低保人数已达2200多万，若按户均规模3.44人估计，城市中比较穷的人，能超过7000万。在农村中，仅失去土地、无法耕作又没有被城市化的人就大约有4000万~6000万人之多。所以，事情已经到了不得不正视的地步。

在扶持贫困地区、贫困行业和贫困人口的关系上，何者优先也是个问题。日本、美国等一些国家的经验是把扶持贫困地区、贫困行业放在优先位置上，把这称之为开发。贫困地区和贫困行业扶持上去了，贫困人口就可以大大减少，扶持贫困人口的目标就好实现了。扶持贫困人口的最好办法是救济，就像病人动手术需要输血一样，不救济就会产生人道主义危机。但这种救济必须适当，不能太多，否则不仅经济上难以支撑，也会像欧洲某些福利国家一样，工作的还不如不工作拿的钱多，那就会使整个国民经济失去持续发展的动力。我在新疆就听有的从事扶贫工作的政府官员说，他们到乡下扶贫是有任务指标的，一个干部包几个困难户，自己掏腰包给粮给物，收割时帮助收割，结果贫困户养成了依赖心理，你干活他蹲在那晒太阳。这样怎么能改变贫困落后面貌呢？

奇兮特兮旅游业

——日本的旅游业为什么很发达?

日本的旅游业,除了开发自然风光、文化古迹这些国内常见的资源以外,还开发了一些国内所没有或很少有的资源,因此彰显出它的特色和魅力来。

密集的城市道路

中国的通信地址是按道路来划分的,比如什么路什么巷多少号;日本不是这样划分的,它用纵横两组道路把城市划分成很多细格,纵的叫条,横的叫丁目,比如我在日本就住在札幌市丰平区丰平3条4丁目1番2号。为什么有这个区别?主要因为中国城市道路稀少,资源稀缺,以道路为标志容易找;而日本城市道路密集,纵横交错,以道路为标志不容易找。近年来,随着大规模的城市改造,中国城市道路的数量虽然增加不少,但主要还是在原有道路的基础上增加它的宽度,越来越多的城市道路修成双向六车道,两边有自行车道、人行道和宽阔的绿化带,百米宽度几乎变成了城市道路的建设起点。城市道路是像日本那样密一些好,还是像中国这样宽一些好?我认为在占用面积差不多的情况下还是密一些好,为什么呢?理由如下:

一、密一些比宽一些更方便。如果道路太宽,行人横穿马路时间长,有些腿脚不便的人还没等走到头绿灯就变成了红灯,被困在了车流中。道路太宽也影响了人们对对面商铺门脸的视觉效应,周边居民难以过马路去购物。如果道路密了,每条道路窄一些,这些问题就不存在了,人们横穿马路方便,购物也方便。

二、密一些比宽一些更安全。如果道路太宽，来往车辆速度必然过快，不经意间小车从身边呼啸而过，让人心惊胆战。车速过快也容易发生追尾事故。道路宽了，车道多了，车辆并道选择就多了，撞车和刮蹭事故也会增多。道路密了窄了，这些问题就不容易发生。

三、密一些比宽一些更通畅。如果道路太宽，数量必然少，万一发生事故一堵就是一大串。而道路密一些的话这边堵车它可以走另一条道，反正条条道路通罗马。

四、密一些比宽一些更节省。道路宽了必然会少，人们要到达目的地就难免要绕远路。而道路窄了必然就密，直接通往目的地的机率就大。

五、密一些比宽一些更繁华。道路宽了数量少了，临街店铺就少；而道路窄了数量就多，临街店铺也会多。店铺多了自然就有利于就业和城市繁荣。

我在札幌居住期间，虽然城市道路窄但密度大，没有感到不方便。回国以后道路虽宽了但还是不习惯。去年回喀什市，我开车准备去疏勒县，过了地委前方施工，道路不通。我只好返回大十字改走农三师那条路，还是不通。我又返回大十字改走客运站这条路，还是不通。最后绕到纺织厂那条路才过去了。这中间绕来绕去，多花了一个小时。我曾经问过喀什市规划局一位领导：为什么不多修些路，哪怕每条路窄一些也行？他说他们也知道这个道理，但市领导认为道路宽一些好看，可以出政绩；窄了出不了政绩。看来根本还在体制。

专用自行车道

我们都说中国是自行车王国，是说中国自行车的数量多，一到上下班高峰时间，自行车道上就形成了自行车流，远远望去似江河奔腾一泻千里。但若论起其他方面，中国这个自行车王国的地位就受到挑战了。

在日本的城市中机动车道两边没有专门的自行车道，自行车走人行道，遵守和行人一样的交通规则。这看起来似乎没有自行车的地位，其实是保护了骑自行车的人。在中国，机动车道旁边虽有自行车道，遵守的却是和汽车一样的交通规则，在十字路口左转弯时，自行车必须穿过汽车流，十分危险。

在日本就不存在这个问题。

这是札幌市一座专为自行车道架的桥

在札幌也有专门的自行车道。说它是专门的，是说它并不和机动车道并列在一起，而是单独修的，只能走自行车和行人，不能走机动车。这样的自行车道碰到公路要么架桥，要么穿隧道，十分安全。当然这样的路不是很多，但是很长，贯穿整个城市。在札幌，这样的自行车道十年前就达到700多公里了，现在可能更长了。骑自行车旅行的人只要上了这条道，就会一路没有红绿灯直达目的地了。这样的车道和城市为数众多的社区公园连在一起，没有公园的地方也有专门的休息地，设置有椅子供骑自行车的人休息。自行车道是用沥青铺设的，十分平整。路两边风景秀丽，边骑边看风景，一点都不觉得累。自行车道还连接有专门的自行车娱乐场，场内有弯道、波形道、障碍道等，常有年轻人在里面练自行车特技。

在其他经济发达的国家，类似的自行车道也很多。例如在德国，仅2002年就花费2亿欧元专门用于自行车道的建设，使德国境内逐渐形成密集的自行车道网。在荷兰，各城市都辟有专门的与交通道隔离的自行车道，刚学会骑车的孩子、骑车上学的学生和上班的工薪人员、骑车度假的夫妇和遛弯的老人，以及自行车爱好者，他们共享自行车道的好处。在韩国，首尔市公布了一项雄心勃勃的“自行车计划”，计划从2006年开始到2010年，投入1190亿韩元（1元人民币约合120韩元）扩充和增建385公里的自行车道。可见，自行车正是由于它的环保和节省能源，以及锻炼身体的功能，正在受到各国政府和民众的青睐，自行车王国将会越来越多。

在我国，很多城市为了解决交通拥堵问题修了高架桥，但那是专为汽车修的，没听说有一个城市为自行车修了与机动车隔离的专用车道。其实，专用自行车道更体现以人为本的精神，在中国更能为解决交通拥堵问题作贡献。专用自行车道修好以后，远距离骑车的人就不用为堵车和等红绿灯而心焦，也不怕会被从身边飞驰而过的汽车撞到，更不用担心汽油价格上涨，客观上还有利于环境的保护，何乐而不为？很多开车上下班的人就会改骑车了，汽车数量就会减少。并且由于4个骑车的人占的空间不及一个开车的人，而修专用自行车道的成本还不到修高架汽车道的1/4，可见修专用自行车道是个成本低效率高的解决交通拥堵问题的好办法，我们不妨借鉴一下。

一次骑自行车住帐篷的旅行

1994年7月21日，天气晴好，我骑着自行车开始了支笏湖和洞爷洞之行。支笏湖和洞爷洞是离札幌几十公里的两个风景秀丽的湖泊，听说湖边有野营地，所以我也做了准备。自行车的前筐里放的是吃的，有菜、米、油、盐和水，车后面架子上是住的，有帐篷、睡袋等，还有一个液化汽灶。液化汽灶很小，配有酒瓶那么大的两个液化气罐，可以解决一个星期的烧饭燃气问题。

我沿着河边的专用自行车道走，来到札幌西南郊区的真驹内室内运动场。据说这是1992年世界冬奥会的主会场，在富良野等地还有分会场。北海道冬季冰天雪地，适宜开展冰雪运动。冬奥会也给北海道带来不少知名度和商机。

沿着自行车道往下走，还要经过札幌艺术之森。这是个包括野外美术馆、室内美术馆、工艺馆、音乐厅等设施在内的综合型艺术中心，收藏了很多珍贵的艺术品。它对外国留学生免费开放，所以我来过好几次，拍了不少照片和幻灯片。

下面的路便是上坡路了，我下车推着车走。远山叠翠，山花烂漫，这美好的景色使我忘记了疲劳。潺潺的流水声将我吸引到溪水边，我心里唱着“泉水丁咚”的歌，用清凉的水洗了洗脸。记得文革时期步行串联，我们花了一个月时间从乌鲁木齐走到玉门，走的都是大戈壁，见不着绿色和水。这算是我的又一次串联，呼唤我的不再是狂热的政治运动，而是绿水青山，我要近些再近些，投入到她的怀抱！

支笏湖风光

翻过海拔1300多米的惠庭岳，就一直是下坡路了。我捏着车闸控制着速度，很快就到了支笏湖。天近黄昏，周围显得朦胧缥缈，更显出了支笏湖那秀丽的面容。湖水平静，像美人似睡非睡。湖畔的树木是她美丽的刘海儿，微风吹过，带动着刘海儿随风飘动。我不敢惊动她，悄悄在她旁边支起帐篷，做好了饭。可惜没有带酒，否则也“举杯邀明月”一番。临睡觉时我望着身后那深邃的森林，想着该不会从里面跑出一只狗熊来吧？日本电影《追捕》讲的就是东京的检察官杜丘逃进北海道森林遇见狗熊袭击少女，才发生了英雄救美的感人一幕。醒来时天已亮了，感到昨晚的担心完全多余。这里是专门的野营场，有专人负责，每人收费300日元（相当人民币才几块钱），安全还是有保障的。野营场还有自来水、厕所和垃圾箱，不少日本人或骑车、或开车来到这里野营、划船、钓鱼，现在他们都还在梦中，星星点点的帐篷分布在野营场的各个角落。支笏湖还没有醒，但此时光线很好，使我能更清楚地欣赏到支笏湖的优雅睡姿。

吃了早餐，收拾好行装，向昨晚没见过的邻居招手告别，又上路了。在支笏湖旁边还有一个小湖，它像围绕着支笏湖这颗大珍珠的一颗小珍珠，也显得光彩夺目。从山上望下去，草木葱茏，水平如镜。

下山时沥青路突然变成石子路，我没控制好车速摔倒了，膝盖和胳膊擦伤了，眼镜也摔坏了。一个日本老头开车路过，停下车来问我需不需要帮助。我试了试胳膊和腿，还能动，就谢绝了。我收拾好七零八落的东西，推着自行车艰难地往前走。望着山崖和石子路，心想这真是“平日挺温顺，偶尔露峥嵘”。好不容易来到支笏湖另一个野营场。管理人员见我受了伤，拿出外用消炎药给我往伤口上喷。我支起帐篷早早就休息了，朦朦胧胧感到野营场正在举办篝火晚会，不少人在欢呼跳舞，还放焰火。我感到很孤独，十分思念远在祖国的亲人。

第二天清晨我又来了精神。虽然胳膊和腿上的伤口还在渗血，但湖边的景色让人心旷神怡。同是一个支笏湖，只是换了一个角度，就又会发现她不同的美来。我收拾好行装，告别了野营场的管理员，开始了新的一天。现在路好走了，全是沥青路。我路过了支笏湖第三个野营场，湖边还停靠着小船和汽船。我没停留，直接向苫小牧进发。前面好像刚下过雨，树叶上滴着水珠，道路湿润，空气清新。迎面来的骑自行车的人向我招手，我也向他们招手。这里不需要认识，也不需要语言，同是骑车来欣赏大自然的，不亲也亲。

来到了苫小牧，我首先换了一副眼镜，一切又开始清晰。苫小牧广场正在举办夏节，学生们在舞台上表演节目，家长们在下面使劲鼓掌。北海道各种节日很多，人们总喜欢变着法子乐一乐。

在苫小牧问去登别的路时，我认识了一位日本小伙子，他的名字叫诚。诚不仅给我指路，怕我不清楚，当下就买了一辆自行车和我同行。我过意不去，他说没关系，他也去登别市，只是把坐汽车改骑自行车了。我们一路走一路聊。他中学毕业没考大学，打工养活母亲和妹妹，刚结了工资要回家。他这么热心，刚开始我都怀疑他有什么企图，但后来就改变了看法。他是一个有理想、有责任心的好青年。他说他之所以给我带路，是被我的精神所感动，受了伤还骑这么远的路，不容易。其实还有一点他没说，是我感受到的，就是我是中国人，他热爱中国，对中国的一切都很感兴趣。

诚领着我顺路来到一个叫白老的地方。我原来的计划中没这个地方，去了才知道很值得，因为这里有个阿伊努民族博物馆。博物馆门票 515 日元，诚要给我买票，我要给他买票，结果还是各买各的。收票员看我腿上受了伤，又给我喷了消炎药。

一进博物馆大门，迎面就是一尊高达 16 米的阿依努长老的雕像。他眼窝深陷，胡须长飘，手持法杖，目视前方，给人以威严的感觉，一下子就镇住了我的心。白老的阿伊努村落位于坡罗多湖畔，以前曾有数百位阿伊努人在这里居住，靠打渔和狩猎为生，湖中还停泊着当年的丸木舟。现在一部分阿伊努人还在这里，充当讲解员，表演阿伊努歌舞和传统的刺绣、编织工艺。这里的房屋维持当年的样子，都是草木屋，屋中陈列着传统的家庭用具。我和诚邀请阿伊努族的一位老妈妈和我们一起照了像。诚说他也是第一次参观这里，感到很有意思。他在纪念品商店里买了一个阿伊努小泥人，送给我留作纪念。我们还观看了阿伊努族歌舞表演，我感觉到像是我们国家南方的某个少数民族的表演。

出了白老，我们向登别赶。骑车走了 20 多公里，等到了登别市天也黑了。本来想住野营场，可野营场没找到，诚就领我到一个旅店住下。看我安顿好了，诚就告辞了，他说他妈妈和妹妹还在等着他。我们互留了地址，依依不舍告别了。我和诚后来还通过信。

第二天一早，我又向室兰进发，路过新日铁室兰制铁所。北海道粗钢产量占全国 20%，其中新日铁占 70%。它在全盛时的 1969 年，粗钢产量达 462 万吨，从业人员近万人。后来受世界产能过剩影响，高炉撤废，代之以冷铁源溶解法，专门生产钢筋。从外面向制铁所望去，虽有烟囱，但不见冒烟；虽有厂房，但听不到机器轰鸣声。

一路上，我还看到两座倒闭的旅馆和饭店。最近两年，日本经济不景气，影响到了旅游业。这两个饭店建筑都很别致，有一座还塑有三四米高的如来佛像。但菩萨也不能保佑它，丛生的杂草取代了原来络绎不绝的游客。

我还路过了一家造纸厂，排出的烟雾遮云蔽日，造成了严重的环境污染。回去一查资料，才知这是王子造纸厂，1985 年它还收购了加拿大的纸浆厂，其势力向国外发展。现在估计也不行了，因为环境也不顾了，给人们垂死挣扎的感觉。

再往前走，就是伊达市了，来到伊达市开拓纪念馆。这里环境优雅，园子中央有伊达市最早的开拓者——伊达家族先辈的雕像，阵列馆中有大量伊达家族用过的器具和珍藏的珍品，园中草地上某团体还在举办纪念活动。这块地方和里面的建筑是伊达家族捐赠给市政府的，所以一个市的开拓纪念馆倒像是一个家族的纪念馆。

从伊达市出来，我开始向洞爷湖方向走，沿途看到的农村风光令人陶醉。农田里农作物长势喜人，很多地方都用上了塑料大棚和喷灌设备。农民住的都很分散，一家一幢小楼，一辆汽车，万绿丛中一点红，分外妖娆。

再往前走就一直是上坡了，我来到了昭和新山。这是一座火山喷发造的山，山上光秃秃的，岩石中冒出缕缕蒸汽，形成烟云。昭和新山已成为观光胜地，游人很多，还有火山资料馆、熊牧场等设施。一位服务员看我腿上受伤，又给我上了药。我这条腿自受伤以后，两天中间野营场、博物馆和这里的服务员三次主动免费为我上药，现在已经好多了。我虽是一个人骑车旅游，却处处能体会到人与人相互关心、相互爱护的温暖。

下了昭和新山，就到了洞爷湖。洞爷湖比起支笏湖来又别具韵味。落日余辉映照着湖面，整个天水呈橘黄色，而近处的草木却呈墨绿色，两下形成强烈对比，给人以妙不可言的感受。如果说支笏湖像个美女，具有阴柔之美，那么洞爷湖则是个帅哥，充满阳刚之气。我在一个野营场扎下了营帐。野营场还有很多中学生，他们点起篝火烧饭，唱歌跳舞，玩得十分开心。想想国内的很多中学生，他们被题海战术搞得目光呆滞，被高考负担压得喘不过气来，真是可怜。

2008 年，八国首脑会在洞爷湖召开，我在电视上又一次看到了洞爷湖的美丽风光，感到亲切极了。我给我的亲朋好友说："看，这就是洞爷湖，我在这露营过！"

洞爷湖畔的中学生

第二天一早我又出发了。经过洞爷村，上了一座山。站在山上再回过头来看洞爷湖，湖光山色尽收眼底。据说围绕洞爷湖有七个野营场，但看不到一个大型宾馆和饭店。

在回札幌的路上，我看到一个大型娱乐场，它叫"留寿都高原"，有几十种娱乐项目，还有一个附属宾馆。游乐场里传来孩子们的尖叫声，但总的说来游人并不多。往回继续走，树丛中不时映现出一些豪华别墅。它们本来是向游人出租的，但是由于不景气，呈现出衰败的气象。

通过这次骑自行车住帐篷的旅行，我对日本有了更深的了解。首先是北海道人纯朴可爱，他们文明礼貌，乐于助人，使我处处感受到了温暖。其次是北海道人对自然风光的保护也是十分精心的。像支笏湖、洞爷湖这样风景秀丽的地方，如果在中国的话湖畔早就盖满了宾馆和饭店，但在这里我很少看到宾馆和饭店，倒有不少野营场。野营场不赚钱，每人只交300日元，刚够自来水和垃圾清理费用，但它却是原生态的，环保的，最能体现人与大自然亲密接触的。相比野营场的热闹和宾馆游乐场的冷清，可见人们的观念也在变，崇尚自然蔚成风气。

有争议的名人

日本的旅游业和中国一样，也十分重视名人效应，一个地方出了个名人，当地政府都知道利用这个资源，立碑甚至建馆，以招徕游客。不过日本和中国不一样的是，它不太重视名人的政治立场和意识形态观点，只要是名人，其名声都可利用，其资源都可开发。

离札幌几十公里、傍日本海有个地方叫小樽，它旁边有个天狗山，山上有个小林多喜二文学碑，碑高约三米，形态像一本打开的书，小林多喜二的头像就嵌在书中间。书正面有小林多喜二的格言，书背面刻着小林多喜二的生平事迹。小林多喜二是日本共产党党员，早年在小樽参加革命，并写了许多反映劳苦大众与资本家、地主作斗争的文学作品，如《蟹工船》等，享有盛誉。后来他被警察逮捕殴打致死。鲁迅先生十分敬仰小林多喜二，我就是从鲁迅先生纪念小林多喜二的文章中知道他的。对于我们中国人来说，为小林多喜二树碑立传当然是应该的，而对资本主义的日本，能为日本共产党员小林多喜二树碑立传，并对他的生平给以很高评价，这还是难能可贵的。

在东京上野公园入口处，有一尊西乡隆盛穿着和服牵着狗的雕像，也吸引了很多游人。西方隆盛是日本明治年代的陆军大将，他在拥立天皇推行改革中立下了赫赫战功，为北海道的屯田兵事业也做出了突出贡献。但他后来又率部队叛乱，失败后切腹而死。对这样一个有争议的军人，要在中国的话肯定不会为他树碑立传的，但在日本，尽管不能把他的牌位放进靖国神社，可在上野公园这么个显著位置将他的塑像立在这里，也表现出一个太平盛世的自信和大度。

中国改革开放以后意识形态限制有所放宽。比如奉化蒋介石的家乡，对蒋介石母亲的墓地就加以修缮，蒋介石的名气也为这里引来了滚滚财源。又如离杭州不远的莫干山旅游胜地，蒋介石住过的地方就和毛泽东住过的地方平分了秋色。湖州市新开辟了个文化广场，里面立有很多湖州籍的历史名人雕像，如钱三强、沈家本、赵孟頫、胡瑗、颜真卿、沈约、孟郊、陆羽、臧懋循、吴昌硕等，这些名人为湖州争了光，这些雕像使湖州的文化底蕴更加彰显出来。但湖州还有一个名人大家可能不知道，他就是戴季陶。

戴季陶，原名良弼，又名传贤，笔名天仇。原籍浙江吴兴（今湖州市）人，早年留学日本，1911 年加入同盟会，1912 年任孙中山秘书，1914 年参加中华革命党，任浙江支部长。“五四”运动期间与沈定一等在上海主办《星期评论》，1920 年参与筹建中国共产党上海发起组的活动，1924 年 1 月出席国民党第一次全国代表大会，当选为中央执行委员、常务委员，任中央宣传部部长。1926 年 10 月出任考试院院长，1948 年 6 月改任国史馆馆长，1949 年 2 月在广州吞服安眠药自杀身亡。

仅从戴季陶的履历我们看不出他多有名。孙中山去世后，戴季陶先后出版了《孙文主义哲学的基础》、《国民革命与中国国民党》两本小册子，攻击中国共产党和马克思主义学说，反对阶级斗争和国共合作，提出一套所谓的“戴季陶主义”的理论，为蒋介石反共夺权做舆论准备。这一点笔者也是反对的。但戴季陶作为学者，有些成果还是值得肯定的。他曾长期留学日本，后又多次随孙中山先生出访日本，对日本文化有较为全面的了解。他写的《日本论》一书，曾被学界视为研究日本的一本重要参考著作。笔者撰写过程中也参考了这部著作，它对我们了解日本国情、民族性格和风俗习惯有很大帮助。

我写上面这些话的目的，不是主张将戴季陶的雕像立在湖州市文化名人广场上，只是希望在湖州市的博物馆或其他地方，在介绍湖州市文化名人时有戴季陶的一席之地。我们可以既批判他对马克思主义学说的攻击，又肯定他在历史上和学术上所做的贡献，让观众从正反两方面了解他，从而也了解中国的历史。我认为，在当前改革开放的年代，在争取台湾回归、国共再次合作的历史大潮中，客观评价像戴季陶这类历史人物，不仅可以为本地增加可资利用的旅游资源，对于祖国统一大业也不无益处。一个历史名人，只要他是爱国的，都是具有可利用价值的。

可喜的是，最近新的湖州博物馆落成，里面就有戴季陶的客观评价，这表明湖州市改革开放又上了一个新台阶。

废物利用

8 月 7 日，我和一位中国留学生乘车来到夕张参观游玩。夕张在札幌东边 70 公里处，曾经是北海道煤都。高仓健主演的影片《幸福的黄手帕》就是在这里拍的外景。

夕张在战后日本复兴中曾起了重要作用。战后日本百废待举，先发展什么好呢？吉田政府采取“倾斜生产计划”，集中资金、劳力用于原煤的生产，通过原煤生产带动钢铁、机械制造等行业，使日本经济从混乱中挣脱出来。夕张那时就成为重要的煤炭生产基地，当时的一个小村庄也发展成了现在的十几万人口的小城市。后来煤挖完了，夕张市断了经济来源，这么多人怎么办？当地政府就来了个废物利用，利用原有设施建立了夕张煤炭历史村，发展旅游业。

在废弃的煤井坑口，他们建起了“石炭博物馆”，介绍煤炭的开采和利用。有个电梯，可以把游客送到 1000 米深处的旧巷道里，巷道里模拟当年的采煤情景，用硬塑料制作的煤炭工人手脚还可以动，正在一下一下用镐头挖煤，扩音器还放出叮叮当当挖煤的声音，使人如临其景，真切感受到了当年煤矿工人的辛苦和不易。

夕张历史村还建有游乐园、科学馆、动物馆、蒸汽机车馆、恐龙馆，门票 2500 日元，不算贵，游人如织，给人留下了深刻的印象。

在北海道，废物利用发展旅游业的地方还有一些，网走刑务所就是一个。

夕张石炭博物馆里的煤井

网走刑务所曾经是北海道的一所比较大的监狱，是北海道乃至日本一些重刑犯人囚禁和劳动的地方，后来废弃了，就被用来供游人参观。网走刑务所实际是个监狱博物馆，里面有法庭、行刑资料馆、监舍、惩罚房等。它的监舍呈中心放射状，守卫人员在中心就能观察到各通道监舍的情况。监舍上方有一个赤条条的犯人的塑像，表现了他企图翻过天窗逃跑的情景。网走刑务所的守备是十分森严的，唯一的一次犯人脱逃也被抓了回来。一些游客坐在监舍里，体会铁窗生活，做着鬼脸照像。

还有一个工厂废弃后改作纪念馆的例子。在北见市有个薄荷纪念馆供游人参观。薄荷工厂曾是北见的一个支柱企业，全盛时期其产量曾占世界的70%，昭和天皇也到这里参观过。后来由于中国和其他一些国家薄荷产量增加，薄荷价格下降，北见薄荷工厂被迫于1983年关闭。后来当地政府就将它改建成薄荷纪念馆，其中图片、实物记录着这个工厂乃至北见当年的辉煌。纪念馆免费供游人参观，虽游人不多，但体现了日本不以胜败论英雄的价值观：只要努力了辉煌过，就行了。

北海道废物利用发展旅游业的经验值得我们借鉴。我国也有一些依靠开采自然资源发展起来的城镇，自然资源总有开采完的时候，城市怎么办？多种经营发展旅游业就是一条出路。将废弃的矿井、工厂、监狱利用起来，供游人参观，其意义不仅在于发展旅游业，还在于通过这种形式对人们进行爱国敬业、艰苦奋斗精神的教育。历史是一部很好的教科书，将历史遗留下来的东西供人们参观，是成本最低、收益最高、寓教于乐的好办法。

科技馆、艺术馆和历史博物馆

札幌市有很多科技馆、艺术馆和历史博物馆，供人们参观和体验，充分说明日本是一个重视科学、重视艺术和重视历史的民族。

札幌市青少年科技馆是札幌市有代表性的几家科技馆之一，它的一个特点就是少年儿童可以自己动手做试验，通过试验让孩子们自己得出结论，吸引了很多人。这里的星空实验室有巨大的穹顶屏幕，通过多维立体投影向少年儿童介绍天文知识，给人以十分真切的感受。

如果这不算是日本独有的话，那么企业办科技馆可能在中国就很难见到了。我到富良野果酒厂、奶制品加工厂和札幌啤酒厂参观，企业都设有科技馆，专门供游客参观，了解酒精发酵、奶制品制作的原理和过程。为了保证卫生，制作车间和游客通道是用玻璃隔开的。透过玻璃向里望去，工人穿着白色大褂，像是白衣天使；管道密布，整个流程一目了然。参观完了以后，游客还能免费品尝其产品，不时有游客称赞其产品“好吃，真好吃!”

札幌艺术之森是札幌最具代表性的艺术中心，该中心设有野外美术馆、室内美术馆、工艺馆、音乐厅和各种工房。野外美术馆陈列有国外和日本70余件雕刻作品，最著名的要数挪威艺术家比盖兰的《三角形》、《男和女》、《母和子》了。我国沈阳市作为札幌市的友好城市，赠送的田金铎的作品《走向世界》也在这里。这些艺术作品和周围的青草绿树融为一体，充分显示出自然之美。除此之外，札幌市还有近代美术馆、本乡新纪念馆、三岸好太郎美术馆等多个艺术馆，很多都是免费供游人参观的。即使是收费的，外国留学生只要出示有关证件也可以免票进入。

如果说这也不算是日本所独有的，那么当地驻守的自卫队搞的艺术展览和表演你可能就没见过了。北海道一到冬天就冰天雪地，因此很多地方都搞冰雪节，札幌市大通公园的冰雪雕塑十分吸引人。这时驻札幌的自卫队也搞冰雪节，在训练场陈列着很多冰雕和雪堆的作品，敞开大门邀请老百姓进去参观和游玩。他们的室内陈列馆还陈列着他们自己写的字、画的画，以及各种军事装备和战斗演习图片。支内屯田兵展览也在这里。这是每年一次的，军乐队还每周日一次免费在大通公园为老百姓演奏世界名曲。老百姓还可以点歌，他们基本上都能满足要求，并且达到了专业水平。通过这些艺术活动，自卫队和老百姓拉近了距离。

在札幌，有好几个历史博物馆，比较出名的就是北海道开拓纪念馆了。馆内展示有足以生动说明整个北海道开发的有关资料，尤其是阿伊努人的资料，很值得一看。在开拓纪念馆附近，有一座北海道百年纪念塔，塔高百米，顶上有展望台，可远眺市区。离纪念馆不远还有一座北海开拓村，村中仿造了60多栋北海道开拓时期的建筑，有农舍、渔村、市街、屯田兵屋、马拉铁道车以及各种传统工艺演示。除此之外，在札幌还有北海道厅旧厅舍、札幌农学院计时台等历史博物馆，以及众多的历史人物雕像，如当年的开拓使黑田清隆、开拓使顾问开普隆、北海道大学的前身——札幌农学校的校长克拉克、日本著名作家石川啄木等的雕像。北海道尽管历史不长，才一百多年，但它的历史博物馆和历史人物雕像之多，收藏或纪念的东西之众，就像有几千年历史一样。

如果作为一个省会城市拥有这么多的历史博物馆、历史人物雕像没什么了不起，那么我说北海道几乎每一个城镇都有它的历史博物馆，你是不是会感到惊奇呢？我去过北海道的很多地方，如富良野、小樽、夕张、苫小牧、登别、伊达、深川、北见、根室，那里都有历史博物馆，展示有开拓时期用过的农具、生活用品。在留寿都村还有一座纪念碑，是纪念红丸薯首先在这里试种成功的。照别人看来，这有什么可值得纪念的？但对这个村的人来说这却是一件十分骄傲的事，值得纪念。我们常说“忘记过去就意味着背叛”，那么在发展市场经济、很多人只向钱看的时候，北海道人的这种发扬开拓精神、争取更大光荣的举措是不是值得我们学习呢？

统兮分兮行政权

——日本为什么有一个高度集中的管理体制?

过去我以为，日本既然是个资本主义国家，生产资料都是私有的，那么它的管理体制也就是一个分散的自由的管理体制，政府对经济活动管得很少。来到日本以后才发现，日本却有一个高度集中的管理体制，政府对经济活动管得很多，有很多规制，有些地方的行政权力集中程度比中国还要厉害。

日本的官僚和集中管理体制

日本的官僚主要指日本各省厅数千名官员。他们的素质很高，是各方面的专家，懂现代经济运营、法律，与各国的有关当局保持着良好的关系。日本的高级官僚大多毕业于东京大学，大藏省课长以上的官僚88.6%是东大出身，其次为外务省：76%；国土厅：73.5%；运输省：68.5%。每年大藏省录用的20 ~30名新毕业的大学生中，有80%以上是东大法学部毕业的。战后历届内阁的重要职务大多被东大毕业生占据。这些官僚并不像美国等一些民主国家一样是一些非政治性的专门技术人员，他们在日本政治生活中发挥着主导作用。他们是专家，又不甘心仅仅当专家。他们掌握着国家的第一手统计资料，拥有对这些资料的解释权。他们会从各种角度来解释数据，足以牵着外行的政治家的鼻子一步步按他们设计的路线走。

日本的政治家是民选的，受命于民众，本应该是日本这条船的船长。但是他们对大海的规律和这条船的复杂程度不了解，缺少发言权，往往只是形式上的船长。日本的大臣不是量材录用，大臣的职位被当作政治斗争后权力再分配的“蛋糕”，常常被没有经验或无能的人所得到，并被精明的官僚玩弄于股掌之中。例如当过日本大藏大臣和首相的羽田孜是东急（东京急行电铁株式会社）的售票员出身，对经济一窍不通。他当大藏大臣时经人指点，买了一本漫画《日本经济入门》，坐在藏相的椅子上，一边看漫画入门，一边掌管着世界第二的日本经济。这种类似“天方夜谭”式的神话令西方经济界人士听了惊得跌了眼镜，赶紧去喝酒压惊。由此可见，日本的大臣谁都能当，反正实权并没有掌握在他们手里，他们只不过去充充样子。不过这样也好，可以维持日本经济的稳定。日本内阁经常换人，我在日本的两年就换了四届，先是细川，后是羽田，再后来是村山，最后是桥本。若在有些国家，早就发生经济动荡或政治危机了，但我生活在日本，根本体会不到人民生活发生了什么变化。

日本的官僚体制和集中管理体制是一脉相承的。早在明治时期，日本选择了一条富国强兵的道路，在经济政策上实行牺牲农民的利益发展重工业；在政治上实行权威主义的统治。由于有这方面的需要，官僚体制便逐步形成，由此也产生了集中管理的模式。在昭和初期和“十五年战争”中，日本军国主义在总体战的方针下极度加强了中央官厅的功能，日本重工业被纳入了高度集中的体系。战后，美国为了实现间接占领，保留并加强了战前的中央官厅功能，奠定了今天高度集中的官僚体制的基础。这种体制对日本战后经济的恢复和崛起确实起了很大的作用。战后的日本困难重重，著名经济学家有泽广已认为，在各种困难中，原煤短缺至关重要，它直接影响到钢铁、化工、造船、金属加工等基础产业的生产。为此，他提出了“倾斜理论”，建议政府集中各种资源用于原煤生产，有计划地使经济倾向于一个方面，以之为杠杆带动其他产业。当时的吉田政府采纳了这个建议，通过高度集中的官僚体制的运作，使日本经济从混乱中挣脱出来，得到了恢复和发展。我们可以设想，如果没有这种高度集中的管理体制，仅凭市场自然调节的力量，怎么可能使整个国家经济向一个方向倾斜？而没有这个倾斜，又怎么能抓住主要矛盾解决战后严重的危机呢？60 年代后，日本政府又凭借高度集中的管理体制，使日本经济插上了快速发展的翅膀，取得了人均国民生产总值（GNP）世界第一的巨大成果。

现在日本这种官僚型的统治已渗透到了社会生活的每一个角落。以日本学校为例，全日制中小学校不论哪个学校，同一年级都要在同一天学习同样内容的教科书。学校指定发型、校服，许多学校甚至指定学生放学回家的路线、课堂举手的角度和高度。日本中小学午饭是免费提供的，但午饭中菜肴摄取的顺序，先吃哪个后吃哪个，有的学校都有严格的规定。在经济方面，日本政府有成千上万条严格的“规制”，对经济实行严格的管制。在流通领域，日本有大型店铺法，大型企业对遍布全日本的零售店强制使用“厂家期望价格”，价格的变动受到严格控制，这种做法在欧美是违反反垄断法的。在农业领域，大米的生产、流通及价格被置于政府的严格管理下。在中国早已放开了粮油价格，而在日本，大米和牛奶价格受到限制，政府通过对大米和牛奶价格的限制对很多农产品、畜产品价格的变动施加影响。除此之外，出租汽车价格、货运、国内航运、公共汽车、汽油、酒等的流通和价格都受到控制，就是在澡塘洗澡的价格要想变动，都必须先由行业组合提出申请，报政府有关部门批准才行。

东方专制主义

我们从日本高度集中的管理体制中不难看到东方专制主义的影子。最能代表东方专制主义的是新加坡。新加坡内阁资政李光耀被选为亚洲周刊风云人物，一个原因是新加坡已被世界经济合作与发展组织（OECD）列为已开发国家，这意味着新加坡已从发展中国家跃进到了发达国家行列；另一个原因是李光耀首先提出了“亚洲价值观”的概念，用以抗衡西方的价值观，强化了东方专制主义。李光耀与西方媒体的交锋，可以追溯到1994年，那一年新加坡发生了美国少年迈克尔·费伊因为喷漆涂污汽车而被法庭判处鞭刑之事。西方媒体认为这样不人道，扼杀了个性。1995年李光耀同美国律师林格尔及《国际先驱论坛》打官司，为新加坡的严格法治辩护。他又一次宣传他多年来一直提倡的“社会第一，个人第二”的亚洲价值观，说：“许多亚洲国家不接受西方过分尊重个人而牺牲社会利益的价格观，这些价值观将导致社会混乱。我们宁可有纪律。”正因为新加坡的成功传达了“现代化不一定西化”这一重要信息，因此西方媒体对新加坡的发展模式大多持否定态度，就连以权威主义著称的美国政治学泰斗亨廷顿教授也预言李光耀带给新加坡的诚实与效率很可能随他的下台而进入坟墓。对此涉及到复杂的文化、利益乃至历史情结的亚洲价值观和西方价值观之争，李光耀看得很清楚。在1995年新加坡一次国民集会上，李光耀直率地说："要他们（美国和英国）让位给太平洋西岸长期被他们看不起的衰弱无力、贪污腐化、愚蠢无能的亚洲人，在情结上很难接受……就是这种文化上的优越感使得美国媒体将新加坡批评为独裁、专制、过度管制、沉闷和枯燥乏味的社会。为什么呢？因为我们不遵照他们的想法来管理我们。"

亚洲其他几条"小龙"在经济发展道路上也采取了某种程度的专制主义。中国台湾在相当长的年代里一直处在国民党一党专制之下，实行"党禁、言禁"的高压政策。1980年开始的经济起飞，带动了政治上向民主化、多元化方向上的演进，1986年开始解除"党禁"，1988年解除了"言禁"，1995年进行了地方长官的直接选举和法院选举，1996年实行了"总统"的直接选举。可以说没有80年代以前的专制主义，就没有经济起飞，也就没有政治上的民主化、多元化。韩国、中国香港也一样，在80年代经济起飞之后，才开始实行真正的民主政治制度。

中国内地的改革开放实践证明，中国内地实际上也选择了亚洲式的发展模式，而且也证明，没有某种程度上的"集中"，也就不会有经济的腾飞。在80年代末期，中国政界、学术界的一个热门话题就是所谓的"新权威主义"。很多人形成了这样一种看法，就是中国在现代化建设中要学习亚洲一些国家和地区的经验，走"集中发展"的道路，其特征是在政治上否定西方三权分立制度；在经济上则放弃传统的计划经济体制，实行市场经济，并努力与世界经济（主要是西方经济）接轨。这种做法经济成效显著，中国取得了令世人瞩目的伟大成就。

当时的讨论对我印象比较深的是美国著名政治学家亨廷顿教授提出的三个公式，我想这三个公式对当前我们建设和谐社会也是十分有用的。这三个公式是：

（1）$\frac{\text{社会动员}}{\text{经济发展}}=\text{社会挫折感}$

（2）$\frac{\text{社会挫折感}}{\text{社会流动机会}}=\text{政治参与}$

（3）$\frac{\text{政治参与}}{\text{政治制度化}}=\text{政治不稳定}$

在公式（1）中，“社会动员”是“人们腐蚀和摧毁一整套旧的社会、经济和心理的信奉，接受新式社会化和新的行为模式”的过程。它意味着人们的观念、价值标准和期望的改变。社会动员的结果会提高人们的期望，而经济发展则会提高社会满足人们期望的能力。但是社会动员的程度往往比经济发展的速度更高，两者相比便会使人们产生“社会挫折感”。

公式（2）表示，如果社会存在着纵向与横向的流动机会，这种“社会挫折感”就可以得到缓解，否则就会促使人们通过政治参与提出自己的要求。

第（3）个公式是说，如果政治参与增加的同时，政治制度化水平未能相应提高，就会导致政治的不稳定。

用这三个公式来比照日本、新加坡和台湾地区的实际情况，我们发现日本、新加坡之所以政治稳定，不是因为它们的民众没有社会挫折感，而是因为它们的社会流动机会多，政治制度化程度高，把这种社会挫折感缓解了。台湾地区之所以政治不那么稳定，是因为执政当局为民众提供的社会流动机会少，其政治制度化程度又不高。

我国在改革开放过程中，尤其是国企改制和农民工进城打工当中，一些民众因为下岗或受到城里人歧视，以及对社会腐败和两极分化现象的不满，产生了社会挫折感，成为政治不稳定因素。好在中央及时提出了构建和谐社会的目标和政策，加大了对弱势群体的扶持和对腐败现象的打击力度，通过扩大招生、对下岗工人进行再就业培训、提高农民工待遇等办法增加社会流动机会，通过立法、严厉打击犯罪活动等措施提高政治制度化水平，使我国在经济高速发展的同时维护了政治上的高度稳定，堪称创造了一个世界奇迹。

日本对行政垄断的规制

不过再怎么说，高度集中的管理体制对市场竞争是有阻碍作用的，尤其是在市场经济发展到成熟阶段的时候，这种阻碍作用更加凸现出来。所以，日本在反行政垄断方面通过立法做了很多工作，并且将反行政垄断纳入到整个反垄断法体系当中。

日本的反垄断法体系主要包括1947年制定的《禁止私人垄断及确保公平交易法》、1956年制定的《承包法》、1962年制定的《不当赠品及不当表示法》、2006年制定的《关于防止政府部门等参与投标合谋的法律》以及公平交易委员会公布的数量众多的准司法解释。其中《禁止私人垄断及确保公平交易法》是反垄断法体系中的基本法，适用于政府以外的所有个人和法人；《关于防止政府部门等参与投标合谋的法律》则主要针对招投标中的行政垄断行为，适用于政府部门以及这些部门的工作人员等。

在日本的反垄断法体系中，规范行政垄断的法律法规除了《关于防止政府部门等参与投标合谋的法律》以外，还有《从<禁止私人垄断及确保公平交易法>的角度对行政指导的基本观点》和《公平电力交易指南》、《公平煤气交易指南》、《促进通信行业竞争指南》等准司法解释。《基本观点》列举了4类15种可能构成行政垄断的行为，告诫行政部门避免这些行为，以求防行政垄断于未然。在1947年版的《禁止私人垄断及确保公平交易法》中，铁路、电力、煤气、通信行业作为自然垄断性的特殊行业，不适用于此法，而是由相关政府部门对其进行规制。后来日本在2000年修订了该法，取消了对这些行业的豁免权，将它们也纳入了公平交易委员会的管辖范围之中，从而形成了行业主管部门和公平交易委员会联合监管的体制。为了分清行业主管部门和公平交易委员会的各自责任，同时也为了防止这些带有行政垄断性的巨型企业限制和排除竞争，公平交易委员会汇同通产省制定了《公平电力交易指南》等准司法解释，用以从反垄断法的角度规范电力公司、煤气公司、通信公司等的行为。

日本的《关于防止政府部门等参与投标合谋的法律》的出台有个背景。2000年5月，日本北海道的地方政府部门在政府建筑工程的发标中通过暗箱操作等手段，将该项工程包给了事先选定的本地建筑商。丑闻败露以后，日本公平交易委员会依照《禁止私人垄断及确保公平交易法》的相关规定，对参与投标合谋的建筑公司进行了处罚，但对主动制造合谋、尚未触犯刑法的政府部门及其主要责任人却无能为力。这种官民差别待遇的行为受到社会广泛关注和民众的普遍反对。

在日本，地方政府通过暗箱操作等手法将本地区的政府招标项目发包给本地企业的事情经常发生，就连中央政府的官员也有为了退休后有个高薪工作而将国家的招标项目发包给特定企业的丑闻败露。这种以公肥私、以地方利益限制国家统一市场公平竞争的行政垄断行为引起了民众的强烈不满，被称为日本现代社会的一颗毒瘤。为了彻底解决这个问题，在日本公平交易委员会的积极参与和推动下，当时的自民党政府决定因势利导，通过立法形式解决这种“官企合谋”式的行政垄断问题。于是就有了《关于防止政府部门等参与招标合谋的法律》。

这部法律的核心宗旨是对政府部门等参与投标合谋的行为加大惩罚力度、扩大法律的适用范围、增加所管辖的违法行为种类等。该法规定，如果政府部门、政府出资占 1/2 的各类法人、政府持有 1/3 股票的公司通过（1）教唆承包方合谋；（2）事先指定承包方的范围；（3）泄露投标关键秘密；（4）协助承包方排除或限制了竞争行为，则日本公平交易委员会依据上述法律可以：（1）向检察院告发上述违法行为，法院可依据该法对主要责任人做出刑事判决，最高刑期为 5 年监禁和 250 万日元的罚金；（2）书面通知违法部门做出整改并有权对其整改措施提出意见等。

应该说，在日本最高刑期为 5 年的刑事惩罚是非常严厉的，因为对于违反《禁止私人垄断及确保公平交易法》的最高处罚不过是 3 年监禁。所以客观地说，日本政府在反行政垄断方面的决心是很大的，做到了官民平等，甚至对违法的官的惩罚超过了对违法的民的惩罚。

立法是一回事，要想使这部法律得到贯彻执行又是一回事。为了使反垄断法得到贯彻执行，日本专门成立了公平交易委员会，它是日本唯一的反垄断法行政主管机构。公平交易委员会的决策机构包括一名委员长和 4 名委员，都须由首相征得参众两院同意后任命，委员长还须由天皇认证。公平交易委员会下设事务总局，总局下设办公厅、经济交易局和审查局，还有派住日本各地的 9 个派出机构，共有 700 多名全日制工作人员，财政预算约为 76 亿日元。公平交易委员会的权力很大，虽然在行政上隶属日本的内阁，但在业务上不接受任何机关的指导，具有独立性。公平交易委员会具有法律授予的执行性政策立法权，可以根据议会公布的反垄断基本法制定相应的规则，而且具有强制性；具有调查权，在取得法院搜查证的情况下，可以对包括政府机关在内的机构进行入室调查，获得相关资料；具有行政执法权，可以对垄断行为发出禁令或处以罚款；具有准司法权，可以开庭审议当事人提出的行政复议要求；具有告发权，当当事人违反了反垄断法的特定条款时，公平交易委员会可以提请当地检察院提起上诉；具有知情权，行政机关等违反反垄断法时，必须将事情经过、改善措施、处罚结果等书面告知公平交易委员会。

应当说日本在反行政垄断方面做了不少工作，也取得了很大成绩，其经验值得我国借鉴。

我国对行政垄断的态度

我国在计划经济体制下，行政垄断是国民经济管理体制的一种常态，它扼杀竞争，阻碍国民经济的进一步发展，这一点已被越来越多的人所认识，在改革开放、建立社会主义市场经济过程中理所当然地遭到了人们的反对和抵制。不过这个过程也不是一帆风顺的，遇到了很多困难。我国从 1987 年开始酝酿反垄断法，至今已经十多年了，但是对以下问题仍存在争议：一是行政垄断是否属于反垄断法的调节对象？其主要责任人应负什么样的法律责任？二是反垄断主管机构是否应该设置？它与国务院各部委的关系怎样处理？三是国有企业是否具有反垄断的豁免权等。针对这些问题，2007 年 8 月 30 日通过的《中华人民共和国及垄断法》第五十一条规定：行政机关和公共组织滥用行政权力，事实排除、限制竞争行为的，由上级机关责令改正；对直接负责的主管人员和其他直接责任人，依法给予处分；反垄断机构可以向有关上级机关提出依法处理的建议。法律、行政法规对行政机关和法律、法规授权的具有管理公共事务职能的组织滥用行政权力实施排除、限制竞争行为的处理另有规定的，依照其规定。总结这一条可以认为：在我国，行政垄断可以不受反垄断法体系的制约，只由上级机关处理就可以了。这显然是不够的。

我国目前行政垄断的情况仍十分严重，它表现在很多方面，已造成十分恶劣的影响。

一个表现是一些国有大型企业凭借行政垄断地位，员工工资超高但效率极低，引起人们的强烈不满。这些垄断企业主要来自石油、石化、冶金、通信、金融、交通运输、烟草专卖和电力系统，被人们称为“十二家门”。这些企业的员工工资是全国平均工资水平的 3～4 倍。如果说他们的高收入是企业参与市场竞争而形成的收入分配秩序，人们也能理解。但问题并不是这样，他们的高收入是因为行政垄断造成的。高工资的背后并不是高贡献、高效率，恰好相反，由于垄断扼杀了竞争，使得垄断企业缺乏竞争的动力，效率低下。以国家电网公司为例，11115.4 亿元的庞大体量，却只创造了 143.9 亿元的利润，人均利润只有 1.1 万元。国家电网公司在昆山一个发电厂，共有 190 名员工，而发电机组、功率一模一样的一家民营企业，只有 32 名员工，可那个国企的工资却比民企还高。这种“高工资”、“低效率”更是为人所诟病。

另一个表现是一些地方政府为了自己的所谓政绩，利用行政权力搞地区垄断。据巴黎国际研究和发展中心的经济学家庞塞特估计，中国国内各省之间的关税在 1997 年大约相当于 46%，而在此十年前相当于 35%；中国国内地区贸易壁垒大约相当于欧盟各国之间或加拿大和美国之间水平。更糟的是，在进口关税不断下降的同时，各省之间的贸易壁垒从 20 世纪 80 年代以来却一直在增加。庞塞特还发现，1997 年中国消费者购买本省生产的商品数量是其他省的 21 倍，而 1987 年是 11 倍。也就是说与中国各省的国际一体化相伴的却是行政垄断引发的国内市场的分割化。

第三个表现是政府通过户籍制度固定地将公民分为城里人和农村人、这个地方的人和那个地方的人，使他们在工作、入学、社会保障等方面享受不同的待遇，从而限制了人口的自由流动和公平竞争。农民进城打工，干最赃最苦最累的活，工资待遇却很低，还没有劳保，孩子入学也有困难。这个城市的人到那个城市去找工作，有些用人单位在聘用条件上就明确写明只录用持有本市户口的人。不同地区的考生，只因为持有不同地区的户口，在录取分数线上差别就很大。1999 年武汉市理科第三批录取分数线是 510 分，而北京只有380分；重点线在武汉市是566分，北京却只有460分；在武汉上清华没有650分别谈，而在北京580分足矣。高考录取中的这种明显的歧视行为使人们对社会的公正产生怀疑，武汉的学生饶嘉在给《中国青年报》的信中写道："我想大喊一声：这难道公平吗?"

第四个表现是各级干部的选拔不是老百姓说了算、市场说了算，而是上级说了算，上级考核下级的标准也不科学，使得很多干部眼睛向上，不在为人民服务上下功夫，而是弄虚作假，竞相讨好上级。民间流传的一副对联很能说明问题。上联是：上级压下级，一级压一级，层层加码，马到成功；下联是：下级骗上级，一级骗一级，层层掺水，水到渠成。横批：数字出官，官出数字。这种现象不仅仅在官场上普遍存在，就在人们称为清水衙门的高校和学校机构近年来也愈演愈烈。高等院校的本科水平评估、专业水平评估等，专家组尚未进校，老师们就忙开了。忙什么呢？忙着编造材料、编造数字，连签名也编造。为什么要编造签名？因为评估条件规定，一个老师最多只能指导8篇学生的毕业论文，而很多学校老师少学生多，一个人指导8篇分不过来，于是就把一些有职称的领导和外单位有职称的人员的名字写上，作为指导教师以滥竽充数。这种做法引起了老师们的强烈不满。江苏省淮阴工学院的一位老师就曾以该校迎接本科教学评估造假、侵犯其署名权为由将学校推上被告席。等专家组进校了，老师们都说"鬼子进村"了，紧张程度可想而知，一场闹剧便进入高潮。

第五个表现是地方政府的权力过大，又缺乏监督，他们为了自己的利益常制定一些土政策，侵害老百姓的利益，老百姓又没地方说理去。比如我在新疆喀什有一套住房，现在不在那工作了，想把它卖掉，但除非你把房子卖给市政府的人。为什么？原来我的那套房子在市政府家属院内，家属院住了一些市领导，他们害怕房子卖给社会上的人以后自己会不安全。可是市政府的人都住大房子了，谁会买我的小房子？所以我尽管拿着房产证却无法处置自己的房子，等钱用也只能干着急。

我国的行政垄断还表现在行政审批项目过多、民办学校得不到财政补贴、广播电视的统一宣传口径等方面。

当然，每个国家的具体情况不同，因此很难以他国的标准来衡量本国的国情，并做出简单的是非判断。但是，不同国家和社会制度之间确实存在一些共同的规律性的东西。因此借鉴其他国家比如日本在同样问题上的一些成功经验还是十分必要的。为了使我国过强的行政垄断得到抑制，进行政治体制改革并将反行政垄断纳入反垄断法的体系中，无疑是一个明智的选择。

冷兮热兮房地产

——日本的房地产为什么成为泡沫经济?

自2002年以来，我国许多城市的房价突然暴涨，2004年全国平均房价上涨19.08%，2005年继续上涨15.2%，现在涨得更厉害了。迅速上涨的房价引了各方面的关注，有关房价涨跌的议论充斥了各个新闻媒体。有人说房价还要涨，有人说我国房地产业已形成巨大泡沫，马上就要破灭了。究竟该听谁的？人们迷惑了。让我们还是从日本的房地产泡沫中吸取点经验教训吧。

日本的房地产泡沫

日本在二战结束7年后恢复了独立国家的主权，进行了一系列改革，迎来了经济高速增长的时期。方便面上市，家用电器普及，农民工进城，白领阶层扩大……这些在中国改革开放以后出现的现象在日本当年都出现过，就连10%左右的增长速度都大致相同。1963年日本加入关贸总协定，1964年成功举办东京奥运会，这都给日本经济高速增长增添了活力，日本成为世界上经济增长最快的国家。1969年美国哈佛大学教授傅高义写了一本书，名字叫《日本第一》，本来是要唤起美国人的危机感，传到日本后却唤起了日本人的自豪感，并且这种自豪感迅速膨胀，将尾巴翘了起来，搅起了不少泡沫。

日本泡沫经济的形成和银行业的供给有着非常密切的关系。长期以来日本国民的储蓄率都很高，使得利率很低。由于人们对未来充满希望，既然钱存到银行不能生利，就拿出来买房，作为投资；钱不够就向银行贷款，反正利率不高。这就导致房地产价格迅速上升，用来作为贷款抵押品的固定资产价格也越来越高。当时日本政府采取过度扩张的金融政策，使得房地产商向银行贷款特别容易，1985～1987 年间都市银行向房地产业的贷款增加了 20% 以上。就这样在买方卖方和银行的共同努力下，再加上新闻媒体的炒作，日本的房地产价格开始飙升。如果以 1980 年的土地价格为 100，东京、大阪、名古屋等六大城市的商业用地在 1985 年上升为 153.6，1990 年为 625.9。东京、大阪商业区 1990 年的地价分别比 1985 年高 2.7 和 3.3 倍，住宅地价分别高 2.3 和 2.7 倍。全日本平均地价上涨了一倍多，在大都市中个别房地产价格上涨幅度更是令人目瞪口呆。

日本的土地面积几乎只是美国的一个零头，相当于 1/25，但在那个时候日本土地总价达到 15 万亿美元，比美国土地资产总值多 4 倍。在日本有一半以上的人拥有土地，当土地价格上升的时候，很多人都误以为自己的财富在几年之内就翻了一番。在这种情况下日本人翘尾巴了，有人一掷千金，在纽约买下了著名的洛克菲勒中心，在洛杉矶买下了好莱坞的许多房产。难怪美国人大惊小怪地说，日本人用钱买到了他们在二战中没有得到的东西。在全世界瞩目下，日本的经济泡沫被迅速吹了起来。

既然是泡沫，就难免有破灭的一天。1990 年底，泡沫终于破灭了。从 1990 年秋季开始，日本房地产价格直线下落，东京、大阪等大都市地价首当其冲，跌得更厉害。如果以 1993 年价格为 100 的话，到 1997 年 7 月，东京的商业用地从顶峰的 350 跌到 96.3，住宅用地从 300 跌到只剩下 135.4。1987 年东京房价每平方米高达 58000 美元，但很快就跌为 20000 美元。

我 1994～1996 年在日本，正赶上日本房地产业不景气。我打工主要从事的工作是房屋建筑和清扫，平时没事喜欢拿个摄像机去逛新开盘的楼房。札幌的商品房和中国的不一样，排房不多，大多是一幢幢独立的二三层楼小别墅，其中很多是木制结构。我一方面欣赏这些建筑的美观别致，既有和室又有西室，且价钱并不是太贵；另一方面又感叹房地产市场的冷清，尽管每幢新房子周围都插满了彩旗，但前来看房和买房的顾客却十分稀少。

有人说房价跌了不是好事吗？普通老百姓也能买得起房了。问题在于房价狂跌会引起一系列连锁反应，最终使老百姓的利益受到损害。首先是房地产商纷纷破产。2000 年包括房地产商在内的建筑业有 6000 多家公司破产，占

札幌一处待销售的别墅

当年破产企业的33.6%。企业破产了，员工就失业了。其次是银行纷纷倒闭。由于房地产业和银行业关系十分密切，房地产商破产了，它们借银行的贷款就没法还清。按理说作为抵押品的房子还在，但由于房价下跌，资不抵债，银行业全面亏损，很多大银行，如太平洋银行、兵库银行、日本债券信用银行，北海道拓殖银行等都发生储户挤兑现象，最终不得不倒闭。最后是银行业的不景气使得证券市场、制造业、服务业都跟着不景气，失业人数大大增加。

在泡沫经济崩溃后，日本在萧条中挣扎了十多年，迄今为止仍然看不到明显的起色。泡沫经济已变成日本甩不掉的噩梦。

中国的房地产价格

我国改革开放以后，随着市场经济的不断发展，人们对住房的需求不断增长。有人说人们对住房的需求不是从改革开放才开始有的，唐代诗圣杜甫就有“安得广厦千万间，大庇天下寒士俱欢颜”的美好诗句。我们说那仅是需要，不是需求。要成为经济学意义上的需求，须满足两个条件：一是有购买的欲望；二是有购买的能力。改革开放以前，人们宁愿几代人同挤在一间单位分的斗室之中，也要吃饱肚子，好“吃饱肚子干革命”。那时候人们对住房既无购买欲望，也无购买能力。只有改革开放以后，人们逐步走向世界，才发现当初自己要解放全人类于水深火热之中的雄心壮志是多么的可笑，需要解放的首先是自己。这才逐步产生了扩大住房面积的欲望，并通过各种途径，既包括勤劳致富，也包括所谓投机倒把，俱备了购买住房的能力。

我是赞成“需求创造供给”的，并认为中国的房地产价格上升首先是由于城镇化对住房的巨大需求造成的。我们回忆一下，是什么时候我国房价开始上升的呢？是改革开放以后即农民工开始大量进城的时候。改革开放以后，我国人口总数在继续增长，但每年增长的人口数量却在下降。1998 年全国人口总数增加 1678 万人，到 2004 年只增加了 761 万人。可是由于城镇化的结果，大量劳动力从农村进入城镇，每年城镇人口迅速增加，从 1989 年增加 879 万人上升到 2004 年增加 1916 万人。这些农村人当然买不起城里的新房子，但却为城里人增加对新房子的需求提供了可能。否则他们的旧房子卖不掉租不出去，就凑不够买新房子的钱。而且城镇居民对住房条件的要求还在不断提高，有了新房子还要换大房子，有了大房子还要换别墅，就这样对住房的需求就成了一个非常巨大的数字。

我们再回忆改革开放以后房价显著上升是在什么时候，是在 1992 年温州炒房团出现以后。温州人的精明是没有哪个地方的人能比的，他们用实际行动告诉全国人民：房子不只是用来消费的，还可以用来投资。投资需求的必要条件有两个：一个是乐观的预期，一个是宽松的金融环境。这两个条件中国都俱备。于是很多人都仿效温州人开始炒房，导致对房子的投资需求迅速上升，对我国房价上升也起了十分重要的作用。

对我国房价上升起着重要作用的因素还有一个，那就是地方政府“经营城市”的理念和彰显政绩的冲动。当年大连市长薄熙来把大连经营得光彩夺目，在全国影响很大。经营一个城市要有钱，怎样来钱最快呢？那就是卖地，而且是高价卖地。土地的价格高了，房价自然也就水涨船高地上去了。后来中央出台了很多抑制房价上涨的政策，为什么收效甚微？就是因为中央和地方的利益不一致，地方政府阳奉阴违。

正是由于对住房的消费需求、投资需求和地方政府需求这三股力量拧成了一股绳，才把我国房价拉升起来了。当然我国住房的供给也在增加，但由于土地的供给缺乏弹性，所以仍然无法满足不断上涨的住房需求。2007 年中央采取了紧缩的货币政策，使房价上涨趋缓，有人就说我国房价的拐点出现了，有人又说没有出现。其实所谓拐点，它是个数学名词，不是说只有价格从上升到下降才叫拐点，从增长比较快到比较慢也是拐点。所以说，说我国房价出现拐点没错，但认为房价会下降则不现实，因为我国城镇化程度还很低，至少人们对住房的消费需求还在不断增长。

2008 年由美国次贷危机引发的全球性金融危机爆发，我国的房价也受到影响，房价上升趋缓，甚至出现下跌。当年在杭州召开的浙江省经济学会年会上有专家预测：由于建材价格下降，所以房价也必然会下跌。当时我没感觉有什么不对，但回来一想不对呀，价格是由什么决定的？是成本还是供求关系？显然是后者，建房成本的下降并不会导致房价下降，我国住房供不应求的局面并没有改变，所以房价还会上升。果不其然，现在随着金融危机趋缓，各地住房价格又开始上升了。

经济泡沫和泡沫经济

由于我国房价的大幅上升，有人便以日本为例说明中国房地产业存在泡沫，甚至还有人说中国已陷入泡沫经济当中。要判断这些说法有无道理，首先要搞清楚什么是经济泡沫，什么是泡沫经济。所谓泡沫，诺贝尔奖得主斯蒂格利茨说得很清楚：“如果今天价格上涨的原因是由于投资者相信明天他们会以更高的价格卖出去，而基本要素又不能调整价格，那么就存在着泡沫。”① 根据这个定义，我国房地产业存在泡沫是毋庸置疑的，因为从前面的分析可知，拉动我国房价的一个重要力量就是投资需求。但是，经济泡沫和泡沫经济又不同，我认为区别就在于看投资需求是否是住房总需求的主要成

① Stiglitz, Joseph. Symposium on Bubbles [J]. *Journal of Economic Perspective*, Spring, 4, 2, 1990, pp. 13—18.

分。如果推动价格上涨的主要因素是投资需求，那就是泡沫经济；如果不是，那就只能算是经济泡沫。

但是，要分清住房的消费需求占多少、投资需求占多少，是比较困难的，因为它们随时可能转化。比如某人原来买了一套房子准备自己住，可后来发现房价上涨了，卖了更合算就卖掉了，这样消费需求就变成了投资需求。不过，从中我们也可以发现，投资需求离不开二手房市场，投资者必须在高价位上把房子在二手房市场卖出去才能实现赢利的目的。所以，投资需求的前提是有足够规模的二手房市场，二手房市场火爆不火爆是衡量投资需求充足不充足的标准，也是衡量房地产市场泡沫大不大的标志。好在根据观察，我国二手房市场并不火爆，2008 年政府对购买二手房的贷款条件又做了一些限制，所以我认为我国房地产市场虽然存在经济泡沫，但还不是泡沫经济。

坚持我国房地产市场已形成泡沫经济观点的人还一个依据，就是我国房地产市场当前的情况与日本当年的情况有太多的相似之处。这些相似之处主要有：

第一，都处在高速增长时期，增长率都在 10% 左右；

第二，房价都在快速增长，尤其是在一些大的都市；

第三、本币都在增值，而银行利率却很低。

尽管如此，我仍然认为我国还不是泡沫经济，主要原因就是时代不同了，它主要表现在以下两点：

一是日本的泡沫经济产生于城镇化之后，而中国的房价上涨出现在城镇化之前。日本从 1956 年开始，农村的年轻劳力就大量向都市移动，到 1965 年从事农、林、牧、副、渔业的就业人员就由 41% 降为 24.6%，又过了 10 年，也就是 1975 年又降为 13.8%。这个时候城镇化过程已基本完成。进了城的农民要买房租房，所以这个时期房价上涨的主要原因是消费需求拉动的。但到后来房价的迅速上涨则主要是因为投资需求拉动的，所以就形成泡沫经济。我国则不同，农民工进城是 1978 年改革开放以后才开始的，到现在城镇化程度仍然不高，所以现在的房价上涨尽管不能排除投资需求拉动的原因，但主要还是因为消费需求，而消费需求是不会形成泡沫经济的。

二是日本的泡沫经济在前，已经为我们提供了经验和教训。当年日本政府对土地价格猛涨的副作用认识不足，长期未能采取有效的调控措施；银行业也盲目乐观，为了赚钱降低了贷款门槛，这就把自己和房地产市场绑在了一起。这些都是前车之鉴。我国政府为了防止房地产泡沫经济的产生，从2005年以来采取一系列政策措施，包括加强金融监管和市场监测，提高个人住房贷款利率和首付款比例，对购买第二套住房实行更高的贷款利率和首付标准，停止转按揭服务和商品房预售制度，提高银行存贷款利率和准备金率等。这些政策措施对抑制对住房的投资需求和价格的上涨起了一定的作用。

经济适用房与廉租房

尽管房价暴涨容易形成泡沫经济，但也不是说它就没有一点好处。我认为房价暴涨的一个好处就是能促进中心城市产业结构的调整和转化。我们说的房价暴涨主要是指大都市，中小城市房价的涨幅并不大。由于大都市房价暴涨，就使得居民的生活成本和厂商的生产成本大大提高，这就阻碍了人口向大都市的过度集中，促使一些夕阳企业向周边地区转移。过去我们用行政手段（比如户口制）限制大都市规模，现在房价高了，一般人买不起住房，自然就不再往大城市挤；过去我们老讲怎样优化产业结构，现在房价高了，寸土寸金，只有新兴的占地少的产业能够生存，夕阳产业自然就退出了大都市，向房价比较低的地方转移。

不过，房价暴涨使得城市的下层居民受到损害，他们买不起房，长期住在棚户区，生活水平难以提高。为此，政府出于民生考虑，修建一些经济适用房和廉租房，以解决贫困居民的住房问题。不过又有信息传来，说一些城市的经济适用房让有钱人通过各种办法占有了；还有信息说有些地方的经济适用房即使价钱是普通商品房的二分之一，贫困居民仍然买不起。所以，我认为解决贫困居民住房困难的办法不是政府多盖经济适用房，而是多盖廉租房。贫困居民买不起房可以租廉租房。在国外比如日本，不仅贫困居民租房子住，就是大学教授也租房子住。我在日本访学期间，北海学园大学有一个退休教授叫藤冈，对中国留学生挺好，每周抽两小时免费教中国留学生日语。有一次我们到他家做客，看到房子虽不宽畅但挺整洁，就他一个人住，就问这个房子是他自己的吗？他说是租来的，因为这里离学校近。还有我在公司打工期间为住户打扫楼道或修缮外墙，发现不少住宅都是公寓式的，是政府建好廉价租给贫困居民住的。廉租房比经济适用房具有优势，它可以使贫困居民往得起，而且因为有钱人不屑于住这种房，所以能保证住这种房的不是有钱人而是真正的贫困家庭。

有些地方政府为了抑止房价的暴涨推出所谓双限房，既限户型（不超过 90 平方米）又限房价（每平方米不超过多少元），这有些像画蛇添足。限户型是有道理的，因为它实行的是有效的市场区隔，因为面积小，有钱人不乐意住，才能保证贫困家庭入住；限房价则没有理论根据，因为它破坏了市场的竞争机制，是用计划经济的手段来处理市场经济的问题。我们前面说过，房价应该由供求来决定，如果由政府来决定房价，很可能形成价格扭曲，既不能反映供求状况，也不能达到限制房价的目的。

争兮搁兮钓鱼岛

——日本政府为什么不断挑起事端?

钓鱼岛问题的渊源

1943年，在世界反法西斯战争胜利曙光初露的时候，中、美、英三国首脑蒋介石、罗斯福、丘吉尔于1943年11月22日至26日在开罗举行会议，宣布:“三国之宗旨，在剥夺日本自从一九一四年第一次世界大战开始后在太平洋上所夺得或占领之一切岛屿；在使日本所窃取于中国之领土，例如东北四省、台湾、澎湖群岛等，归还中华民国；其他日本以武力或贪欲所攫取之土地，亦务将日本驱逐出境；我三大盟国稔知朝鲜人民所受之奴隶待遇，决定在相当时期，使朝鲜自由与独立。”这就是著名的《开罗宣言》。钓鱼岛就是日本在一战后所占领之岛屿，显然符合该宣言之条件，理应归还中国。1945年7月26日的美、英、中促令日本投降之《波茨坦公告》第八项重申:“《开罗宣言》之条件必将实施。”1945年8月15日，日本签署《无条件投降书》，其第一条就是:日本接受“中、美、英共同签署的、后来又有苏联参加的1945年7月26日的《波茨坦公告》中的条款”。这样,《开罗宣言》《波茨坦公告》和日本《无条件投降书》这三个文件组成了环环相扣的国际法律链条，明确无误地确认了钓鱼岛作为中国领土的一部分的法律地位。既然如此，日本为什么还要挑战战后国际秩序，在钓鱼岛主权问题上接连挑起事端呢?主要原因就是美国出于冷战思维的考虑，于1972年5月单方面将钓鱼岛施政权交给了日本，而我国当时又以中日关系大局为重，搁置了争议。现在随着中日在钓鱼岛问题上的争端日趋白热化，人们不禁要问：“中日之间会发生战争吗？如果发生战争中国能打赢吗?”要回答这个问题，我们首先需要将中日双方军事力量进行一下对比。

中日海、空军事力量对比

根据《兵工科技》亦秋文介绍，中国海军总兵力约26.85万人，拥有各种军用舰艇超过1000艘，总吨位135.2万吨。日本海上自卫队总兵力约4.3万人，拥有各种军用舰艇160余艘，总吨位45万余吨。如果仅从以上数字看，中国海军比日本海上自卫队占有压倒性优势，但中国海军舰艇中很大一部分是导弹快艇和“江湖”“江卫”级护卫舰等排水量较小的舰艇，难以用于远洋作战。不过由于近年052C“中华神盾”导弹驱逐舰、054A型大型导弹护卫舰的批量建造和入役，尤其是“辽宁”号航空母舰的建造和入役，中国水面主力舰艇吨位小、远洋作战能力不足的局面会有很大改观。

我们再比较中日防空、反舰和潜艇作战能力，可以看到日本在部分领域略占优势，但中国海军还拥有许多日本海上自卫队没有的优势。一是中国拥有日本所没有的核潜艇作战力量。核潜艇在水下航速、续航、潜深、吨位和武器系统等方面都对常规潜艇形成压倒性优势。二是中国正在打造航母作战编队。据外媒报道，中国除了拥有对“瓦良格”号进行改造的“辽宁”号航母以外，还在研制建造吨位更大、载机量更大的国产航母，这是只拥有直升机航母的日本所无法相比的。三是中国海军具有庞大的战争资源和潜力。中国的年造船吨位已跃居世界首位，而日本的主要武器和舰船关键子系统均依赖美国。四是中国海军的发展速度明显高于日本。日本每年只下水1~2艘舰船，而中国近年来一直保持3~4艘的高速度。

在空中军事力量方面，日本军事专家石川润一在权威刊物《军事研究》发表文章说，中国空军现役总兵力约为47000人，作战飞机2010年恢复到2500架，最多时达到4000架，且大多是新式第四代或三代半战机。中国空军目前的主力是约300架单发歼10战斗机，以及约400架双发苏-11系列重型战斗机，其他还包括总计上千架的歼7、歼8等较落后机型。据称，从2011

年开始，歼7、歼8战斗机逐步退役，但由于受国产第四代战斗机发动机的制约，影响了换装速度，歼7、歼8在短期内仍不会被完全淘汰。日本航空自卫队人员总规模与中国空军相当，也是47000人。据可靠数据显示，航空自卫队主要拥有F-15J/DJ战斗机203架，F-4EJ战斗机104架，F-2A/B战斗机73架，RF-4E/EJ电子战斗机27架，E-2C预警机13架，E-767预警机4架，C-1运输机25架，YS-11运输机13架，C-130H运输机15架，波音747特别运输机2架，CH-47J运输直升机17架，KC-767加油机4架。

从数量上看，日本航空自卫队飞机总规模不如中国空军，而且从2008年开始，装备多年的F-4EJ改型战斗机逐步退役。这样未来几年，航空自卫队将仅剩下不到280架可用的作战飞机。一旦东海上空爆发一场空权争夺战，日本的F-15不仅在数量上将面临1∶3以上的劣势，且在技术上也占不到任何便宜。中国空军的歼10与歼11战斗机群均为冷战后生产，很多机龄都在10年以内，而日本的F-15最早装备部队要追溯到1982年，之后的改进升级也很不得力。不过日本在空中预警方面占优势，有4架E-767预警机和13架E-2预警机，而中国只有5架空警2000和空警200预警机。

日本政府为什么张狂

根据中日海、空军事力量的对比，我们可以看到中国具有一定优势，真要打起来日本占不了便宜。那日本政府为什么还那么张狂呢？我认为主要还是为了面子。钓鱼岛就那么大点地，没有多少开发价值，争来争去就是为了面子。

中国在历史上曾经是日本的老师，日本不断派僧人到中国来留学，学习中国的文字、宗教、建筑和礼仪。可到了明治维新以后，日本强大了，就看不起他的老师了，还侵略中国。他头脑发昏，甚至偷袭珍珠港，直到美国丢了两颗原子弹才老实。不过这时候他心里也只服美国，对中国还是看不起。战后日本依靠美国的力量东山再起，成为世界第二大经济体，对中国就更看不起了。没想到“三十年河东，三十年河西”，中国崛起了，2010年中国的经济总量超过日本，成为世界第二，而且有可能在不远的将来超过美国。我曾经讲过日本人很爱面子，为了面子，他们宁可饿死甚至切腹。日本首相死不承认侵略，就是为了面子。有媒体报道，说东京有家人因为丈夫失业没钱买粮，妻子又找不到工作，怎么办呢？两口子竟带上孩子直挺挺躺在床上等死。为什么不出去要饭呢？也是因为面子。现在日本让中国这个他从来都看不起的国家超越了，多没面子啊，能不恨得牙痒痒吗？

日本在历史上曾两次打断中国现代化的进程，一次是甲午战争，一次是二战。于是日本右翼非常期待第三次打破中国的现代化进程。但是现在不同于前两次了，国际形势不容许他们明目张胆地侵略。而且中国也强大了，不是那么好侵略的。于是他们就利用钓鱼岛事件鼓吹“中国威胁论”，利用《美日安保条约》拉美国下水。他们还鼓吹“侵略定义未定论”“慰安妇合理论”“仿效纳粹修宪论”。他们也知道即使这样也很难有胜算的把握，但这就像一场赌博，赌资是钓鱼岛，潜在的赌资还有面子。赌输了，大不了回到原地——中日双方搁置争议，共同开发；赌赢了呢，他们的面子大了，右翼势力满足了，国民可以重振士气，恢复一蹶不振的经济。而且他们知道现在赌比将来赌好，因为将来赌中国更强大了，他们赢的可能性几乎为零；而现在赌他们还有可能赢，因为他们知道中国正在上升期，打仗的机会成本很大。

中日博弈的策略选择

中日之间正在围绕钓鱼岛问题进行一场博弈，我们不妨利用博弈论来分析分析。假设只有两个国家：中国和日本，关于钓鱼岛只有两种选择：争夺主权和搁置争议。如果双方都争夺主权，结果两败俱伤各得 -2 分；如果双方都搁置争议，结果共同开发各得 +2 分；如果一方争夺，一方搁置，争夺的一方获利得 +4 分，搁置的一方吃亏得 -4 分。于是我们可以得到如下的支付矩阵：

		日本	
		争夺	搁置
中国	争夺	<u>-2</u>，<u>-2</u>	<u>4</u>，-4
	搁置	-4，<u>4</u>	2，2

从这个支付矩阵中，我们不难看出有一个纳什均衡，那就是双方都争夺主权。但我们跳出这个圈子就会发现，都搁置争议才是对双方都有利的选择。可见此时双方都陷入到“囚徒困境”中去了。所谓纳什均衡是这样一种状态，在该状态下每个参与方所采取的策略都是对于其他参与策略的最优反应。比如对于日本争夺，中国争夺得 -2 分，搁置得 -4 分，显然争夺是最优反应，就在 -2 下划一道。对于日本来说也一样，最后那个一个方框里有两道的就是纳什均衡。它对任一方来说都是理性选择，但从整体来看对双方都不利，这就是囚徒困境。有人用计算机对这种博弈的各种策略进行了模拟，发现在重复博弈的情况下最好的策略也是一种最简单的方式，就是“以牙还牙”。也就是说只要双方都搁置争议并一直保持下去，那就相安无事；而一旦一方争夺主权，另一方也马上争夺主权，争斗便会开始。

有人说，既然中国的经济实力已经超过了日本，在军事上又占有优势，那为什么不趁机把日本打爬下了，让他们彻底投降交出钓鱼岛呢？我们说这样不行，因为日本也不是不堪一击的，背后又有美国撑腰，实现这个目标成本太大，不值得。这个成本不仅包括直接成本，还包括机会成本。机会成本就是指不打仗我们可以做的事情：继续改革开放，实现中国人多年来的梦想。日本的机会成本比我们小，他们正在衰落期，反而可以利用打仗转移国内注意力，跟美国要更多的援助。因此，我们的理性选择应该是以牙还牙，迫使日本回到谈判桌上来，搁置争议，共同开发，把零和游戏变成双赢的结局。

图书在版编目（CIP）数据

中日比较谈／崔卫国著．—2版．—北京：经济日报出版社，2014.2

ISBN 978－7－80257－608－7

Ⅰ．①中…　Ⅱ．①崔…　Ⅲ．①经济－对比研究－中国、日本②比较文化－中国、日本　Ⅳ．①F12②F131.3③G122④G131.32

中国版本图书馆CIP数据核字（2014）第024575号

中日比较谈

著　　者	崔卫国
责任编辑	赵建华　颜贺华
责任校对	廉潘红
出版发行	经济日报出版社
地　　址	北京市西城区右安门内大街65号（邮政编码：100054）
电　　话	010－63567960（编辑部）63588445（发行部）
网　　址	www.edpbook.com.cn
E－mail	edpbook@126.com
经　　销	全国新华书店
印　　刷	北京鑫瑞兴印刷有限公司
开　　本	1/16
印　　张	13.25
字　　数	210千字
版　　次	2014年2月第二版
印　　次	2014年2月第二次印刷
书　　号	ISBN 978－7－80257－608－7
定　　价	36.00元